Die *besten*
Berliner Rezepte

Ute Scheffler

Die *besten* *Berliner* Rezepte

Titelfoto oben: Reichstagsgebäude, Sitz des Deutschen Bundestages
Titelfoto unten: Königsberger Klopse (Rezept Seite 34)
Foto Seite 2: Blick zum Berliner Fernsehturm

Rezepte und Texte im vorliegenden Buch beruhen auf dem nicht mehr lieferbaren Titel „Typisch Berliner Küche“, 2013 erschienen im BuchVerlag für die Frau.
Verlag und Autorin bedanken sich herzlich bei der Senatskanzlei Berlin (Frau Wittlake, Protokoll) und bei Kosin Lay, Manager Marketing des Hotels »Adlon« Kempinski Berlin, für die unkomplizierte und freundliche Zusammenarbeit sowie das zur Verfügung gestellte Material.

Impressum

Gerichtsweg 28, 04103 Leipzig
Tel.: 0341 / 493574-0, Fax: 0341 / 493574-40
www.buchverlag-leipzig.de

Titelfotos: Henry Czauderna, Fotolia.com (oben); jeepbabes, Fotolia.com (unten)
Bildnachweis: Seite 96
Einband, Satz, Layout: Uta Wolf, Quedlinburg
Druck und Bindung: COULEURS Print & More GmbH
Printed in Estonia

2. Auflage 2023
ISBN 978-3-89798-666-4

Inhalt

So schmeckt Berlin

»Die Gelegenheit erscheint mir günstig, überhaupt die Bemerkung zu machen, dass unsere verschrieene Mark ein wahres Eldorado für Feinschmecker ist.«

Theodor Fontane

Was fällt Ihnen zuerst ein, wenn Sie die besten – und bekanntesten – Berliner Rezepte nennen sollten? Wetten, dass Sie an Buletten, Currywurst und Eisbein denken? Dabei sind Currywurst, Bulette oder Eisbein eigentlich gar keine Berliner Erfindungen. Erstere wird zwar oft der Berlinerin Herta Heuwer zugeschrieben, aber auch die Hamburger und die Bewohner des Ruhrpotts schwören auf ihre Currywurst. Eisbein isst man in Nord und Süd, selbst in Österreich und Tschechien, sogar in der Schweiz kommt die gepökelte Schweinshaxe auf den Tisch. Von der Bulette wollen wir erst gar nicht reden. Gebratenes Hackfleisch, wie auch immer zubereitet, ist international.

Dennoch hält sich hartnäckig die Meinung, dass in Berlin vor allem sättigend gekocht und gegessen wird, kräftig gewürzt sowieso. Als typische Zutat gilt Schweinefleisch, aber auch Gänse und Fische landen in den Töpfen. Außerdem gibt es vor allem Kartoffeln und natürlich Erbsen, Rüben und Linsen. Das alles lässt sich nicht von der Hand weisen, ist aber nur eine Seite des abwechslungsreichen Berliner Speiseplans.

Längst kann man in Berlin kulinarisch um die Welt reisen: Es wird italienisch gekocht oder französisch, spanisch, russisch, türkisch, sogar arabisch und besonders gern fernöstlich. Döner und Pizza laufen der Currywurst seit Jahren den Rang ab. Kein

Gendarmenmarkt mit Konzerthaus (links) und Französischem Dom

Bode-Museum auf der Museumsinsel

Wunder, schließlich stammt fast jeder siebte Einwohner Berlins nicht aus deutschen Gefilden. Und Berlin ist eine junge Stadt! Das (statistische) Durchschnittsalter um die Vierzig spricht für sich, und dass beinahe die Hälfte der Berliner gar jünger als 35 Jahre ist, sollte nicht unterschätzt werden. Da gibt es kaum noch Eisbein mit Erbsenpüree und Sauerkraut, es sei denn man fährt zur Oma.

Fraglos passt das zur Geschichte der Stadt. Die Berliner wanderten über Jahrhunderte aus Schlesien, Böhmen, Ostpreußen, Mecklenburg, Pommern ..., eben aus allen Himmelsrichtungen ein. Friedrich Wilhelm, der große Kurfürst, holte die Hugenotten ins Land. Und mit ihnen kamen neue Zutaten in die preußischen Küchen.

Die Dienstmädchen der Berliner Herrschaften kamen aus den umliegenden brandenburgischen Dörfern und würzten weiterhin mit Wacholder, Kümmel, Lorbeer, Majoran, Senf oder Meerrettich. Amerikaner, Engländer, Franzosen und Russen hatten die Stadt mehr als vierzig Jahre unter sich aufgeteilt. Gastarbeiter kamen und blieben – westlich der Mauer hauptsächlich aus der Türkei und Italien, östlich davon vor allem aus Vietnam. In der Neuzeit zog es viele Sachsen, Schwaben, Rheinländer und Thüringer nach Berlin. Alle brachten ihre Küchentraditionen und Rezepte mit,

Blick zum Berliner Dom

Die beliebte Currywurst

und die Berliner haben sie sich einverleibt, im wahrsten Sinn des Wortes. Genau das macht den Reiz der Berliner Küche aus. Sie ist eine Art Schmelztiegel, ein riesiger Topf, in den »echte« wie »Rucksack«-Berliner über Jahrhunderte alles warfen, was die Natur bot, die Einwanderer mitbrachten oder einfach einmal probiert werden musste. Und so geht es kulinarisch in Berlin deftig und gesundheitsbewusst, traditionell und experimentell, herzhaft und süß, bewusst einfach und gewollt anspruchsvoll zu. Wer die besten Rezepte also mit Neugier und offenen Sinnen probiert, wird überrascht sein von deren Vielfalt.

Wenn nicht anders bezeichnet, sind alle Rezepte für **4 Personen** berechnet.

Vorspeisen & Zwischengerichte

»Frohe Arbeit – ernster Wille! Mal en Schluck in de Destille!
Und een bisken Kille Kille – Det hält munter! Heinrich Zille.«

Heinrich Zille

Die Berliner erfanden nicht nur passend für den kleinen Hunger (oder besser Heißhunger) kleine und schmackhafte Gerichte. Sondern sie kümmerten sich auch um deren praktische Präsentation. Bis in unsere Zeit hat der »Hungerturm«, eine Institution des alten Berlin, überlebt: Vor allem in den traditionellen Eckkneipen sind bis zum frühen Morgen Rollmöpse, Bratheringe, Buletten, saure Gurken, Schmalzstullen, Hackepeterbrötchen und Soleier aus den hier stehenden Vitrinen erhältlich. Pfiffigen Wirten sei Dank gehört der „Hungerturm" immer noch zur Berliner Kneipenkultur wie Molle und Korn. Und als beliebte Zwischenmahlzeit oder Vorspeise haben es nicht wenige der durchaus deftigen Spezialitäten längst in die Rezeptbücher und den Küchenalltag der Berliner geschafft.

Bockwurstsalat

4 Bockwürste, 1 Zwiebel
300 g Fleischtomaten
2 EL Öl
2 EL Weißweinessig
1 TL körniger Senf
Pfeffer, 1 EL Schnittlauch

Bockwürste in Scheiben schneiden und in eine Schüssel geben. Zwiebel schälen, fein würfeln und mit den Wurstscheiben mischen. Tomaten waschen, trocknen und in Würfel schneiden, zum Salat geben. Aus Öl, Weißweinessig und Senf eine Marinade rühren, mit frisch gemahlenem Pfeffer würzen. Schnittlauch in feine Röllchen schneiden und zur Marinade geben. Die Marinade über den Salat verteilen, durchmischen und mindestens **30 Minuten** ziehen lassen.

Weltstar Marlene Dietrich soll als Kind jede Gelegenheit für einen Abstecher ins Geschäft des königlichen Hof-Schlächtermeisters Krienelke, gleich um die Ecke ihres Schöneberger Wohnhauses, genutzt haben. Dort fiel immer ein leckeres Berliner Würstchen für sie ab.

Krautsalat

ca. 500 g Weiß- oder Rotkraut
Salz, Zucker, Pfeffer
1 kleine Zwiebel, Essig, Öl

Weiß- bzw. Rotkraut putzen und in sehr feine Streifen schneiden oder hobeln. Mit Salz bestreuen und mit den Händen so lange kneten, bis das Kraut glänzt und der Saft austritt. Das Kraut gut ausdrücken und den Saft abgießen. Zuletzt das Kraut mit Salz, Zucker, Pfeffer, fein gewürfelter Zwiebel und Essig würzen und einige Esslöffel Öl dazugeben.
Den Krautsalat mindestens **1 Stunde** ziehen lassen.
Vor dem Servieren noch einmal abschmecken.

Markthallen-Salat

1 großes Weiß- oder Fladenbrot
Saft von 1 Zitrone
1 Salatgurke
1 grüne Paprikaschote
1 Bund Lauchzwiebeln
4 große Tomaten
2 Knoblauchzehen
je 1/2 Bund Petersilie und Koriander
6 EL Öl, Salz, Pfeffer

Das Brot im vorgeheizten Backofen bei **200 °C** leicht rösten, danach in kleine Stücke oder Streifen schneiden. Mit der Hälfte des Zitronensaftes beträufeln und **5 bis 10 Minuten** durchziehen lassen. Inzwischen das Gemüse putzen bzw. waschen und klein schneiden. Gemüsewürfel mit den Brotstücken in eine Schüssel geben und gut vermengen. Knoblauchzehen abziehen und fein schneiden. Petersilie und Koriander waschen, trocken schütteln und fein hacken. Restlichen Zitronensaft und Öl gut verschlagen, Knoblauch sowie Kräuter zugeben und mit Salz und frisch gemahlenem Pfeffer kräftig abschmecken. Dressing über den Salat geben und gut vermischen.

Schmalzstulle mit selbst gemachtem Griebenschmalz

für das Griebenschmalz

500 g Bauchspeck

2 säuerliche Äpfel (zum Beispiel Boskop)

2 mittelgroße Zwiebeln

1/2 Bund Majoran

1 TL Salz, 1/2 TL Pfeffer

außerdem

4 nicht zu dünne Scheiben Schwarzbrot

1 – 2 Stangen Harzer Käse

4 saure Gurken

wahlweise mittelscharfer Senf

Speck zuerst in Streifen schneiden, dann nicht zu dünn würfeln. Die Speckwürfel in einem Topf langsam auslassen. Äpfel schälen, vierteln, dabei das Kerngehäuse entfernen. Die Zwiebeln schälen und in grobe Würfel schneiden. Frischen Majoran waschen und trocken schütteln. Alles in den Topf geben und bei mäßiger Hitze weiter ausbraten. Sobald die Äpfel und Zwiebeln beginnen zu zerfallen, salzen und pfeffern, alles noch einige Minuten sieden lassen, dann durch ein Küchensieb in eine hitzebeständige Form umfüllen. Aus dem Sieb mit einem Löffel einige Speckwürfel sowie Zwiebel- und Apfelgrieben (also die zerfallenen, knusprigen Stückchen) wieder ins flüssige Schmalz geben. Das Griebenfett aushärten lassen (dauert ca. **2 Tage**). Die angegebenen Zutaten sind ausreichend für ein Töpfchen mit ca. 200 ml Inhalt.

Das fertige Schmalz auf vier Scheiben frisches Schwarzbrot streichen, den Harzer Käse in Scheiben schneiden und auf den Schmalzbroten verteilen. Die sauren Gurken in Streifen schneiden und dazu servieren.

Berliner bestreichen ihre Schmalz-Käse-Stullen dick mit Senf, scharf oder mittelscharf, je nach Geschmack. Das Ausprobieren lohnt auf jeden Fall.

Gurkentatar

2 EL Rotweinessig

2 EL Öl (besonders schmackhaft mit Rapsöl)

2 kleine rote Zwiebeln

2 große Essiggurken

1/2 Bund Petersilie, Salz, Pfeffer

Essig und Öl gut verrühren. Zwiebeln schälen, fein würfeln und zur Essig-Öl-Mischung geben. Die Essiggurken in feine Würfel schneiden und unterheben. Petersilie hacken und darunter mischen. Mit Salz und Pfeffer abschmecken.

Probieren Sie den Tatar zum Beispiel zum »Strammen Max«, Rezept auf Seite 18.

Milchmädchen-Aufstrich

200 ml Schlagsahne

1/2 Bund Lauchzwiebeln

2–3 Knoblauchzehen

500 g Magerquark

1/8 l saure Sahne

Salz, gemischte Gartenkräuter

Der Aufstrich schmeckt pur aufs Brot, aber auch als frischer Dip.

Sahne steif schlagen und zur Seite stellen. Lauchzwiebeln putzen und in feine Ringe schneiden. Knoblauchzehen abziehen und sehr fein hacken. Den Quark mit der sauren Sahne verrühren, Lauch und Knoblauch dazugeben und die geschlagene Sahne unterheben. Kräftig salzen, bis es fast versalzen schmeckt.

Ein feines Sieb in einen Topf hängen, eventuell mit einem Tuch auskleiden, und die Masse einfüllen. An einem kühlen Ort **1 bis 2 Tage** abtropfen lassen. Der Quarkaufstrich verliert viel Flüssigkeit und wird sehr aromatisch. Vor dem Essen mit gehackten frischen Kräutern bestreuen.

Bunter Salat

für 12 Portionen

1 kg Pellkartoffeln

1 Glas Rote Bete in Scheiben

2 Bund Lauchzwiebeln

2 große, säuerliche Äpfel

1 EL Zitronensaft, 6 EL Essig

2 TL Gemüsebrühe

1 TL Zucker, Salz, Pfeffer

2 EL Öl

1 kleiner Eisbergsalat

Die Pellkartoffeln schälen und in nicht zu dünne Scheiben schneiden. Rote Bete durch ein Sieb gießen und gut abtropfen lassen. Lauchzwiebeln putzen, waschen und in Ringe schneiden. Äpfel schälen, entkernen und in Spalten oder Scheiben schneiden. Zitronensaft darüber träufeln.

Etwa 1/8 l Wasser mit dem Essig und der Gemüsebrühe mischen und aufkochen lassen, mit Zucker, Salz und Pfeffer abschmecken. Gegebenenfalls noch etwas Essig zugeben. Der Sud muss sehr würzig schmecken, da die Kartoffeln viel Geschmack benötigen. Die Hälfte der Lauchzwiebeln und das Öl unterrühren und den Sud heiß über die Kartoffeln geben. Mindestens **1 Stunde** durchziehen lassen. Dann locker vermischen.

Eine große Platte mit Salatblättern belegen, zuerst die Kartoffeln, dann Rote Beete und Äpfel darauf anrichten. Mit den restlichen Lauchzwiebeln bestreuen.

Dazu passen zum Beispiel Buletten (Seite 32), Rollmops (Seite 66) oder Spiegelei.

Buntes Leben am Berliner Hauptbahnhof

Kalte Järtnawurscht (Gurkensuppe)

1 Zwiebel, 2 Knoblauchzehen

1 Salatgurke

1 Bund Schnittlauch

3–4 Eiswürfel

100 g Frischkäse (Doppelrahmstufe)

Salz, Pfeffer, einige Spritzer Worcestersauce

Zwiebel und Knoblauch abziehen und nicht zu fein würfeln. Gurke schälen und ebenfalls in grobe Stücke schneiden. Schnittlauch waschen, trocken schütteln und in Röllchen schneiden. Eiswürfel zerkleinern. Alles mit dem Frischkäse in den Mixer geben oder mit dem Stabmixer pürieren. Mit Salz, Pfeffer und Worcestersauce pikant abschmecken. Dazu schmeckt in Knoblauchbutter geröstetes Baguette.

Scharfe Soleier

4 Eier, 1 Zwiebel, 1 Lorbeerblatt

1 TL Wacholderbeeren

1 TL schwarze Pfefferkörner

1 TL Kümmel, 1 TL Senfkörner

1 Chilischote

100 ml Weißweinessig

20 g Salz, 20 g Zucker

1 EL Zitronenschale

1 TL frischer Estragon

1 EL Dill, 1 EL Petersilie

Eier hart kochen. Inzwischen den Gewürzsud bereiten. Dafür die ungeschälte Zwiebel halbieren und mit der Schnittstelle in eine beschichtete Pfanne legen, ohne Zugabe von Fett anrösten. Ca. 1/2 Liter Wasser in einen Topf geben und die Zwiebel mit Schale ins Wasser legen. Dadurch erhält der Gewürzsud Farbe und schmeckt kräftiger. Bei der klassischen Variante wird die Schale der gekochten Eier nur leicht aufgeklopft, so dass sich Risse bilden. Die Eier bekommen so im Sud eine feine Marmorierung.

Ein Lorbeerblatt, Wacholderbeeren, schwarze Pfefferkörner, Senfkörner, Kümmel und eine Chilischote zufügen. Weißweinessig in den Gewürzsud geben, einen Deckel auflegen und einmal kräftig aufkochen lassen. Dann erst das Salz und den Zucker zufügen und unter Rühren auflösen. Den Topf vom Herd nehmen und abkühlen lassen. Die Eier abschrecken, schälen und mit einem etwas größeren Stück Zitronenschale, frischem Estragon, Dill und Petersilie in ein verschließbares Gefäß legen. Den abgekühlten Sud darüber gießen. Mindestens **24 Stunden** durchziehen lassen.

Vorschriftsmäßig isst man Soleier, indem man sie längs halbiert und das Eigelb heraushebt. In beide Hälften etwas Essig, Öl und Senf geben, gewürzt wird mit Pfeffer und Salz, bevor das Eigelb wieder hinein kommt.

Potsdamer Platz – Verkehrsknotenpunkt zwischen Berlin MItte und Tiergarten

Eingewickelter Eiersalat

4 Eier

200 g dicke Bohnen (TK oder Konserve)

2 EL Butter

2 Schalotten

120 g Erbsen (TK)

2 TL Zitronenabrieb

Salz, Pfeffer

40 g geriebener Parmesan

8 – 10 Stiele frische Minze

4 Tortillafladen (Ø ca. 18 cm, FP)

Eier in kochendem Wasser **8 bis 10 Minuten** hart kochen, dann abschrecken und schälen. Tiefkühlbohnen in warmem Wasser auftauen und aus den Häutchen lösen (auch Konservenbohnen aus den Häutchen lösen). Schalotten abziehen und in feine Würfelchen schneiden. Butter in einer Pfanne schmelzen und Zwiebelwürfel darin glasig dünsten. Bohnen und Erbsen zugeben, alles **2 bis 3 Minuten** garen. Mit abgeriebener Zitronenschale, Salz und Pfeffer würzen. Vom Herd nehmen und mit einer Gabel zu Mus zerdrücken. Eier in kleine Würfel schneiden. Minze waschen, trocken schütteln und Blättchen abzupfen. Diese in feine Streifen scheiden. Alle Zutaten miteinander vermengen.

Tortillas nach Packungsanleitung erwärmen und darin den Eiersalat fest einrollen.

Strammer Max

- *6 TL Butter*
- *8 Eier*
- *Salz, Pfeffer*
- *4 Scheiben Mischbrot*
- *4 Scheiben Schinkenspeck*
- *2 Gewürzgurken*
- *einige Stiele Petersilie*

In zwei beschichteten Pfannen je 1 TL Butter erhitzen, sie soll nicht braun werden. In jede Pfanne nacheinander 4 Eier aufschlagen und vorsichtig in die Pfanne gleiten lassen. Bei mittlerer Hitze Spiegeleier braten. Mit Salz und Pfeffer würzen.

Jede Brotscheibe leicht toasten, noch warm mit etwas Butter bestreichen und mit dem Schinken belegen. Gurken der Länge nach halbieren und fächerartig einschneiden. Immer 2 Eier auf einer Brotscheibe anrichten, mit Gurkenfächern und Petersilie garnieren.

Variieren Sie die klassische Variante mit dem Gurkentatar von Seite 13.

Schlemmerschnitte

2 Schweinefilets (à 350 g)
Salz, Pfeffer
3 EL Öl
4 Scheiben Bauernbrot
1 Bund Schnittlauch
3 EL Butter
1/2 Chilischote
3–4 EL mittelscharfer Senf
1 EL scharfer Senf

Backofen auf **200 °C** vorheizen. Das Fleisch waschen und trocken tupfen, mit Salz und Pfeffer würzen.
Öl in einer ofenfesten Pfanne oder flachen Auflaufform erhitzen, Schweinefilets rundum kräftig anbraten, dann herausnehmen und warm stellen.
Brot im heißen Fett von beiden Seiten kurz rösten. Inzwischen den Schnittlauch waschen, trocken schütteln und in feine Röllchen schneiden. Die Chilischote eventuell entkernen und in feine Streifen schneiden. Butter, Chilistreifen, 2 EL Schnittlauch und den gesamten Senf miteinander verrühren. Die Filets in 12 Scheiben schneiden und auf den Brotscheiben verteilen. In die Pfanne bzw. Auflaufform legen und mit der Senfmischung bestreichen. Im heißen Ofen ca. **10 bis 12 Minuten** gratinieren.
Dazu ein kühles Bier servieren.

Beliebtes Getränk neben Bier ist die Berliner Weiße

Rindertatar à la »Graf Koks«

je 5 Stiele glatte Petersilie und Basilikum
2 Knoblauchzehen
1 Scheibe Toastbrot
2 EL Kapern
2 kleine Gewürzgurken
1 – 2 EL weißer Balsamico-Essig
2 EL Öl, Salz, Pfeffer
250 g Rinderfilet
Zucker, Paprikapulver (edelsüß)
150 g Petersilienwurzeln
100 g Kartoffeln
2 Sardellenfilets
1 Schalotte
1 EL Tomatenketchup
30 g Butterschmalz
3 hart gekochte Eier
frische Kräuter zum Garnieren

Petersilie und Basilikum waschen, trocken schütteln und Blättchen abzupfen. Knoblauchzehen abziehen und fein würfeln. Toast entrinden und ebenfalls würfeln. Alles mit 1 EL Kapern, Gurken, Essig und Öl in einen hohen Becher geben und pürieren. Salsa mit Salz und Pfeffer würzen, zur Seite stellen.

Rinderfilet waschen, trocknen und Haut sowie Sehnen gründlich entfernen. Dann in dünne Scheiben schneiden, mit einer Prise Zucker, Salz und Paprika würzen und etwa **30 Minuten** kalt stellen. Petersilienwurzeln und Kartoffeln schälen, waschen und in sehr dünne Scheiben hobeln. Diese Scheiben in schmale Streifen schneiden und mischen. Sardellen und restliche Kapern hacken. Schalotte abziehen, fein würfeln. Die Filetscheiben jetzt sehr fein hacken, mit den Sardellen, Kapern und Ketchup mischen.

Tatar in vier Portionen teilen und zu runden, flachen Buletten formen. Gemüsestreifen auf dem Fleisch anordnen und mit dieser Seite in einer beschichteten Pfanne in Butterschmalz ca. **1 Minute** knusprig braten. Die Eier schälen, in Scheiben schneiden. Alles anrichten und mit frischen Kräutern garnieren. Salsa in einem Extra-Töpfchen dazu reichen.

Currywurst

4 Bratwürste ohne Darm (oder 4 Bockwürste)
1 EL Öl
125 g Tomatenmark (dreifach konzentriert)
3 EL Currypulver
1 TL Cayennepfeffer
1 TL Chilipulver
250 ml Orangensaft
250 ml passierte Tomaten
3 Sternanis
1 EL brauner Zucker
1 TL gekörnte Brühe
Salz, Pfeffer

Die Brat- oder Bockwürste (wofür Sie sich entscheiden, ist reine Geschmackssache) in der Grillpfanne oder im Elektrogrill goldbraun werden lassen.
Das Öl in einem Topf erhitzen, Tomatenmark zugeben und **1 Minute** unter kräftigem Rühren anbraten. Mit Currypulver, Cayennepfeffer und Chili scharf würzen und mit dem Orangensaft ablöschen. Passierte Tomaten, zerstoßene Sternanis und gekörnte Brühe zugeben und weitere **5 Minuten** kochen. Falls die Sauce zu dick sein sollte, kann sie mit etwas Weinessig und Wasser verdünnt werden. Mit Salz, Pfeffer, Zucker und gegebenenfalls noch etwas Curry abschmecken. Die fertigen Würste in Scheiben schneiden, auf vier Teller verteilen, die Sauce darüber geben und mit Currypulver bestreuen.

Altkanzler Schröder gilt als bekennender Currywurst-Fan. Eine Anekdote weiß zu berichten, dass Angolas damaliger Erdölminister beim Staatsbesuch den Wunsch hatte, das für ihn so exotische Nahrungsmittel zu probieren. Dabei kam ein Missverständnis an den Tag: Der Minister war der festen Überzeugung, der Imbiss gehöre Gerhard Schröder und ließ ausrichten, wenn »... Schröder in Luanda einen solchen Imbiss eröffne, würde das ein Bombengeschäft werden ...«.

Heute ist nicht mehr eindeutig nachzuvollziehen, wer den Döner mit Gemüse und verschiedenen Saucen erstmals anbot. Ziemlich sicher ist jedoch, dass es Anfang der 1970er Jahre und höchstwahrscheinlich in Berlin geschah. In beliebten Rankings Berliner Gerichte behauptet das gegrillte Fleisch im Fladenbrot standhaft Platz vier, was die findigen Berliner dazu bringt, eine ihrer Lieblingsspeisen immer aufs Neue zu variieren – gern auch in vegetarischen Varianten.

Fitness-Döner

- *2 Knoblauchzehen*
- *500 g milder Joghurt (0,1 % Fett)*
- *2 TL italienische Kräuter (TK oder getrocknet)*
- *Salz, Pfeffer*
- *150 g Fetakäse*
- *1 mittelgroße Zucchini*
- *2 – 3 große Möhren*
- *je 1 rote und gelbe Paprikaschote*
- *1 große Gemüsezwiebel*
- *1 Bund Thymian*
- *1 TL Öl, Cayennepfeffer*
- *2 runde Fladenbrote à ca. 200 g*

Knoblauch schälen und fein hacken. Mit Joghurt und den Kräutern verrühren. Mit Salz und Pfeffer abschmecken. Fetakäse zerbröckeln. 100 g Käse unter den Joghurt rühren. Gemüse putzen, Zucchini und Möhren mit dem Sparschäler dünn schälen, waschen und in grobe Stifte hobeln. Die Paprika in feine Streifen schneiden. Zwiebel schälen, halbieren und in dünne Ringe schneiden oder hobeln. Thymian waschen, grob hacken.

Öl in einer großen Pfanne erhitzen. Gemüse und Zwiebel darin unter ständigem Rühren etwa **6 Minuten** dünsten. Mit Salz und Cayennepfeffer kräftig abschmecken. Fladenbrote im auf **180 °C** vorgeheizten Backofen kurz erwärmen, möglichst heiß halbieren und eine Tasche einschneiden. 1 bis 2 EL Joghurtsauce in jede Brottasche streichen, das Gemüse darin verteilen. Großzügig Joghurtsauce darüber geben. Mit Cayennepfeffer und restlichem Fetakäse bestreuen.

Fleischgerichte

»Um über ein Schnitzel schreiben zu können, muss man nicht selbst in der Pfanne liegen.«

Maxim Gorki

Echte Berliner stehen zu ihrer Vorliebe für deftige Wurst- und Fleischgerichte, auch wenn ihnen jener hintersinnige Ausspruch, den Gorki am Tresen der »Letzten Instanz« verkündet haben soll, vielleicht nicht geläufig ist. Dabei kam auch früher keinesfalls täglich Fleisch auf den Tisch. Preiswertes Schweinefleisch, Innereien und Würste waren für die meisten Berliner sogar als Sonntagsschmaus gut genug. Leber mit Apfel und Zwiebeln oder Stampfkartoffeln mit »Stippe« mögen sie bis heute. Kohlrouladen verfeinern die beliebte Bulette, aber auch ein mächtiges Eisbein findet seine Liebhaber. Was allerdings nicht heißt, dass es für Gourmets nichts zu entdecken gäbe. Logisch, dass Touristenführer längst kulinarische Spaziergänge durch die Stadt anbieten: Geschmackserkundungen in Kreuzberg oder dem Scheunenviertel, durch kieztypische Manufakturen, Restaurants, Spezialitätengeschäfte oder Cafés.

Die besten Blutwürste Berlins gibt es in der »Blutwurstmanufaktur« in Neukölln. Die schwarze Blutwurst ohne Speckstücke der Fleischerei Benser ist europaweit begehrt. 2004 schlug die französische »Confrérie des Chevaliers du Goûte Boudin« Fleischermeister Marcus Benser zum »Ritter der Blutwurst«. Eine Ehre, die er mit Paul Bocuse teilt. Selbst beim Bundespräsidenten Horst Köhler auf Schloss Bellevue kamen Bensers Würste sehr traditionell auf den Tisch. Denn ohne jeden Schnickschnack, mit deftigem Sauerkraut und Mostrich, schmeckt sie am besten.

Blut- und Leberwurst mit Bierkraut

für 6 Personen

für das Kraut:

2 kleine Zwiebeln

2 EL Schmalz

1,2 kg frisches Sauerkraut

500 ml helles Bier

1 Lorbeerblatt

2 Gewürznelken

8 Wacholderbeeren

5 Koriandersamen

2 kochfeste Äpfel

Salz, Pfeffer, 2 EL Zucker

für die Würste:

2 mittelgroße Zwiebeln

1 Bund Petersilie

4 Stiele Majoran

2 l Rinderbrühe (Instant)

1 Lorbeerblatt, 8 Pfefferkörner

je 6 frische Blut- und Leberwürste à 160 g

Für das Kraut Zwiebeln schälen und fein würfeln. Im heißen Schmalz glasig andünsten, Sauerkraut zugeben, kurz dünsten und sofort mit dem Bier ablöschen. Bei schwacher Hitze etwa **40 Minuten** zugedeckt köcheln lassen. Die Gewürze in einem Kräutersäckchen mitkochen und vor dem Servieren entfernen. Eventuell noch etwas Bier nachgießen. Die Äpfel schälen, entkernen und würfeln, zum Sauerkraut geben und weitere **15 Minuten** dünsten. Mit Salz, Pfeffer und Zucker würzig abschmecken.

Für die Wurstbrühe die Zwiebeln schälen und halbieren, Kräuter waschen und trocken schütteln. Alle Zutaten bis auf die Würste in einen großen Topf geben und **15 Minuten** bei milder Hitze leise kochen lassen. Dann die Temperatur nochmals reduzieren, die Brühe darf nicht mehr kochen. Die Würste hinein legen und **20 Minuten** ziehen lassen. Kraut und Würste auf einer großen Platte anrichten. Dazu passen Spreewälder Gurken, ofenfrisches Brot oder Bratkartoffeln mit viel Majoran, scharfer Senf und Bier.

Beamtenstippe

Preußen gelten als genüg- und sparsam. Berliner sind es manchmal auch. Kartoffeln und eine Sauce zum Stippen (eintunken) schmeckt immer. Die einfachste Variante besteht aus Zwiebeln und Speck. Heute reichert man die »Stippe« gern mit Champignons oder Tomaten- und Paprikawürfeln an, auch Mais passt gut. Oft gibt es mit Milch angerührten und mit Schnittlauchröllchen oder Frühlingszwiebeln verfeinerten Quark dazu.

- *750 g – 1 kg mehlig kochende Kartoffeln*
- *Salz*
- *1 große Zwiebel*
- *2 EL Öl*
- *600 g Hackfleisch (halb Rind, halb Schwein)*
- *1/2 TL Kümmelsaat*
- *Salz, Pfeffer, Muskatnuss*
- *1 TL Mehl*
- *1 Bund krause Petersilie*
- *200 ml Milch*
- *2 EL Butter, 4 EL Schmand*

Kartoffeln schälen, halbieren und in Salzwasser ca. **25 Minuten** garen. Inzwischen die Zwiebel fein würfeln. Öl in einer Pfanne erhitzen und zuerst das Schweine-, dann das Rindergehackte krümelig anbraten. Zwiebel schälen und würfeln. Mit dem Kümmel zum Fleisch geben und unter Rühren weiter braten, bis die Zwiebeln glasig werden. Mit 200 ml Wasser ablöschen und aufkochen. Mit Salz, Pfeffer und frisch geriebenem Muskat würzen, mit etwas angerührtem Mehl binden. Petersilienblättchen von den Stielen zupfen und grob hacken.

Die Milch mit Butter in einem Topf erwärmen. Kartoffeln abgießen und zerstampfen. Die Milch-Butter-Mischung unterrühren und mit Salz, Pfeffer und frisch geriebenem Muskat würzen.

Die Beamtenstippe darauf anrichten, je 1 EL Schmand auf die Hackmasse geben und mit Petersilie bestreut servieren. Statt Schmand schmeckt auch der Milchmädchen-Aufstrich von Seite 13.

Hoppelpoppel

600 g festkochende Kartoffeln
1 Zwiebel
30 g Schweineschmalz
80 g Schinkenspeck
200 g Schweinebraten mit Sauce
Pfeffer, Salz, Majoran
gemahlener Kümmel
3 Gewürzgurken
3 Eier, 3 EL Sahne
Muskatnuss
1 EL Schnittlauch, 1 Tomate

Pellkartoffeln kochen, mit kaltem Wasser abschrecken und pellen. Zwiebel schälen und in feine Würfel schneiden. In einer Pfanne ca. 10 g vom Schweineschmalz auslassen und Zwiebelwürfel darin andünsten. Schinkenspeck in Würfel schneiden und mitbraten. Zwiebel-Speck-Mischung aus der Pfanne nehmen und beiseite stellen. Restliches Schweineschmalz in der Pfanne erhitzen. Kartoffeln in Würfel schneiden und bei hoher Temperatur braten, bis sie braun und knusprig sind. Temperatur reduzieren.

Reste vom Schweinebraten in Würfel schneiden und unter die Bratkartoffeln mischen. Zwiebel-Speck-Mischung zufügen und unterheben. Mit Pfeffer, Salz, Majoran und gemahlenem Kümmel würzen. Gewürzgurken in Würfel schneiden und zu den Bratkartoffeln geben. Eier mit Sahne verquirlen und mit Pfeffer, Salz und Muskatnuss würzen. Schnittlauch in feine Röllchen schneiden und unter die Eier rühren. Rührei über die Bratkartoffeln gießen und unter gelegentlichem Rühren auf niedriger Stufe stocken lassen.

Abschließend noch etwas Bratensauce zufügen, mit Tomatenachteln dekorieren und in der Pfanne servieren.

Berliner Bollenfleisch

Das berühmte »Bollenfleisch« gehört zu den Klassikern der Berliner Küche und meinte früher ein deftiges Hammelgericht, heute eher eine Art Lammgulasch, der gern variiert wird.

- *1 1/2 TL Kümmelkörner*
- *1 kg Zwiebeln*
- *1 kg Lammfleisch (z. B. aus der Keule)*
- *5 EL Öl*
- *Salz, Pfeffer*
- *2–3 TL Fleischbrühe (Instant)*
- *1 kg Kartoffeln*
- *150 g Feldsalat*
- *3 Tomaten*
- *3 EL Weißweinessig, Zucker*
- *4–5 Stiele krause Petersilie*

Kümmel grob hacken, Zwiebeln schälen und in nicht zu dicke Ringe schneiden. Fleisch waschen, trocken tupfen und in mundgerechte Stücke teilen. Ca. 2 1/2 EL Öl in einem breiten Topf erhitzen. Fleisch darin bei starker Hitze scharf anbraten, dabei öfter wenden. Anschließend herausnehmen, kräftig mit Salz und Pfeffer würzen und warm stellen.

Die Zwiebelringe im heißen Bratfett dünsten, sie sollen Farbe annehmen, aber nicht zu braun werden. Fleisch zurück in den Topf geben, Kümmel darüber streuen und mit ca. 1 Liter Wasser aufgießen, bis alles knapp bedeckt ist. Brühe einrühren und zugedeckt **1 bis 2 Stunden** schmoren.

Kartoffeln schälen, waschen, vierteln und in kochendem Salzwasser ca. **20 Minuten** garen. Feldsalat putzen, gründlich waschen und abtropfen lassen. Tomaten waschen, putzen und in Spalten schneiden. Essig mit Salz, Pfeffer und Zucker würzen, das restliche Öl darunter schlagen.

Salat, Tomaten und Vinaigrette in einer Schüssel mischen. Petersilie waschen, trocken tupfen und hacken. Kartoffeln abgießen und abtropfen lassen. Mit Petersilie bestreuen. Bollenfleisch mit Salz, Pfeffer und einer Prise Zucker abschmecken, mit Kartoffeln und Salat auf Tellern anrichten.

Eisbein mit Erbsenpüree

2 kg gepökelte Eisbeine
1 Zwiebel
5–8 Gewürznelken
1 TL Salz, 1 Prise Zucker
Pimentkörner, Pfefferkörner
1–2 Lorbeerblätter

für das Erbsenpüree:
1 kg Erbsen (TK oder Konserve)
Eisbeinbrühe
evtl. Salz, Petersilie

Das Eisbein gut waschen und abtropfen lassen. Die Zwiebel schälen und mit den Nelken spicken.

Ca. 2 1/2 Liter Wasser mit etwas Salz zum Kochen bringen, Zwiebel und Fleisch zugeben, mit Salz und Zucker würzen. Einige Piment- und Pfefferkörner sowie die Lorbeerblätter in den Sud geben. Alles bei niedriger Hitze etwa **2 Stunden** garen, bis sich das Fleisch leicht vom Knochen löst. Etwas abkühlen lassen, dann das Eisbein aus der Brühe nehmen und Knochen und Schwarte entfernen. Das ausgelöste Fleisch erneut in die Brühe geben und warm halten.

Für die Beilage die Erbsen in wenig kaltem Wasser ansetzen und aufkochen lassen. Nach und nach Eisbeinbrühe zugießen und bei mittlerer Hitze köcheln lassen, bis die Erbsen zerkochen. Tiefkühlerbsen benötigen mehr Zeit als Erbsen aus der Konserve, die meist schon sehr weich sind. Eventuell etwas nachsalzen. Für das Püree die Erbsen durch ein Sieb streichen oder mit dem Pürierstab zerkleinern.

Das Püree auf vorgewärmte Teller verteilen, etwas fein gehackte Petersilie darüber geben, das ausgelöste Eisbein daneben anrichten. Dazu gibt es Bierkraut (Rezept Seite 25) und viel Senf.

Eisbeinsülze

1–1 1/2 kg gepökeltes Eisbein
3 TL Gemüsebrühe
1 Lorbeerblatt
2 Wacholderbeeren
3 Pimentkörner
1 EL Essig
3 Pck. Gelatinepulver
Remoulade (FP)

Ausreichend Wasser mit Brühe, Lorbeerblatt, Wacholderbeeren und Piment zum Kochen bringen und das Eisbein darin garen, bis sich das Fleisch leicht vom Knochen lösen lässt. Das Eisbein herausnehmen, abkühlen lassen, das Fleisch ablösen und klein schneiden. Die Brühe durch ein Sieb geben und ca. drei Viertel davon erneut in einem Topf erhitzen, aber nicht kochen. Die Fleischstücke und den Essig zugeben und die nach Packungsanleitung vorbereitete Gelatine darin auflösen. Die Sülze in ein anderes Gefäß gießen und kalt stellen.
Die Sülze in Scheiben schneiden, mit Remoulade, zu Bratkartoffeln und einem frischen Salat servieren.

Die Essig-Menge sollten Sie Ihrem Geschmack anpassen: Sülze, bevor die Gelatine eingerührt wird, nochmals abschmecken und nachwürzen. Gewürfelte Gewürzgurken und gare Möhrenstücke verfeinern die Sülze.

Leber »Berliner Art«

- *3 mittelgroße Zwiebeln*
- *2 mittelgroße Äpfel (Boskop)*
- *8 Scheiben Kalbsleber (à ca. 100 g)*
- *4–6 EL Mehl*
- *80 g Butter*
- *Salz, Pfeffer*
- *1 EL gehackte Petersilie*

Zwiebeln und Äpfel schälen. Zwiebeln in feine Scheiben schneiden. Das Kerngehäuse aus den Äpfeln entfernen. Die Äpfel in nicht zu dünne Ringe schneiden. Leberscheiben waschen, leicht trocken tupfen und in Mehl wenden. In erhitzter Butter von beiden Seiten je **4 bis 5 Minuten** braun braten, die Leber soll innen noch zart rosa sein. Leber aus der Pfanne nehmen, erst jetzt salzen und pfeffern, warm stellen.

Im Bratfett die Zwiebeln anschwitzen, danach die Apfelringe kurz braten. Die Leber auf vier Tellern anrichten, Zwiebelscheiben und Apfelringe darauf verteilen und etwas Bratfett darauf geben. Mit Petersilie bestreuen. Dazu passt Kartoffelbrei.

Berliner Buletten

500 g Hackfleisch (gemischt)
1 altbackenes Brötchen
2 kleine Zwiebeln, 1 Ei
Salz, Pfeffer, Kümmel
100 g Margarine
1 – 2 EL Senf

Das Brötchen in Wasser einweichen, ausdrücken und in eine Schüssel bröseln. Hackfleisch dazugeben. Die Zwiebeln schälen und fein würfeln, mit dem Ei zum Fleisch geben. Mit Salz, Pfeffer, Kümmel und Senf würzen und alles zu einem geschmeidigen Teig kneten. Daraus 8 bis 12 Bällchen formen, diese dann leicht flach drücken und von beiden Seiten in heißer Margarine knusprig braun braten.
Dazu gehören eine große Portion Mostrich (Senf) und selbstverständlich eine Molle (frisch gezapftes Bier).

Die Bulettenmasse kann variantenreich gewürzt werden, zum Beispiel mit Kräutern der Provence oder Meerrettich, mit Tomatenmark, Knoblauch oder fein gewürfelter Paprikaschote, auch Zucchini passen.
Besonders knusprig werden Buletten, wenn man sie vor dem Braten in Semmelmehl wendet. Und sie schmecken auch kalt: einfach mit viel Senf und einer Stulle (Schwarzbrot).

Die Berliner verdanken ihre Bulette angeblich den Hugenotten, zumindest dem Namen nach. Der kommt von »Boule«, Kugel. Tatsächlich aber setzte sich die Bezeichnung erst während der Besetzung Berlins durch die Truppen Napoleons zwischen 1806 und 1813 durch. Uneinig ist man sich auch über die allein selig machenden Zutaten. Wird sie mit Rind-, Schwein- oder Kalbfleisch perfekt? Darf es eine Mischung sein? Sind neben Pfeffer und Salz weitere Gewürze erlaubt? Soll die Schrippe in Milch oder Wasser eingeweicht werden? Dabei ist doch immer die eigene Mischung die »perfekte«!

Nikolaiviertel

Alexanderplatz mit der Weltzeituhr

Grilletta

für 1 Portion

- *1 Brötchen (Schrippe)*
- *1 Bulette (siehe Rezept Seite 32)*
- *1/2 kleine Zwiebel*
- *1 – 2 EL Ketchup*
- *Rotkraut- und Weißkrautsalat*

Brötchen aufschneiden, die Schnittflächen im Grill oder der Pfanne (ohne Öl) anrösten. Die warme Bulette auf die untere Hälfte legen, dick mit Ketchup bestreichen, einige Zwiebelringe auflegen und die zweite Brötchenhälfte darauf legen. Dazu gibt es je einen Klecks Rot- und Weißkrautsalat (siehe Seite 11).

Ostberliner erinnern sich noch an die »Grilletta-Buden« am Fernsehturm und in der Schönhauser Allee. Die Ost-Version des (Ham)Burgers gab es je nach »Versorgungslage« mit oder ohne Zwiebel, mit Ketchup oder Tomatenmark. Es konnte sogar sein, dass sich eine frische Tomatenscheibe auf die Bulette verirrte.

Königsberger Klopse

1 Brötchen vom Vortag

500 g Kalbfleisch

1 Zwiebel

4 Sardellenfilets

1 Ei, Salz, Pfeffer

1 Msp. geriebene Muskatnuss

50 g Butter

40 g Mehl

750 ml heiße Fleischbrühe

1 kleines Glas Kapern

1/8 l Weißwein

1–2 TL Zitronensaft

4 EL saure Sahne oder Crème fraîche

2 EL Petersilie

Brötchen in lauwarmem Wasser einweichen. Ausdrücken, zerpflücken. Kalbfleisch zuerst in Stücke schneiden und dann fein wiegen. Die Zwiebel schälen und würfeln, die Sardellenfilets fein hacken. Mit dem Ei zum Fleisch geben und mit Salz, Pfeffer und Muskatnuss würzen. Die Masse gut verkneten und zugedeckt **15 Minuten** durchziehen lassen.

Butter in einem Topf erhitzen, das Mehl darin anschwitzen. Fleischbrühe langsam zugießen, zu einer glatten Sauce verrühren. Kapern, Weißwein, Zitronensaft zufügen und mit Salz abschmecken.

Aus dem Fleischteig kleine Kugeln von ca. 4 cm Durchmesser formen, in die Sauce geben und bei milder Hitze etwa **15 bis 20 Minuten** gar ziehen lassen. Königsberger Klopse mit Salzkartoffeln servieren.

Pankower Kohlroulade

1 mittelgroßer Weißkohl

Salz, Pfeffer

1 – 2 TL gemahlener Kümmel

2 Scheiben Vollkornbrot

500 g Gehacktes (halb und halb)

1 Zwiebel

2 Eier

2 EL Semmelbrösel

1/2 TL Paprikapulver (edelsüß)

80 g Schinkenspeck

1 EL Tomatenmark

1/4 l Schwarzbier

100 ml Wasser (vom Blanchieren des Kohls)

1 EL Mehl

1/8 l saure Sahne

Weißkohl um den Strunk herum tief einschneiden und den Strunk herausstechen. In einem ausreichend großen Topf so viel Salzwasser zum Kochen bringen, dass der Kohl darin gut Platz hat. 1/2 TL Kümmel und die Brotscheiben dazugeben. Wenn das Wasser kocht, den Kohl mit dem ausgestochenen Strunk nach unten in den Topf legen und **15 bis 20 Minuten** sprudelnd kochen lassen. Herausnehmen und noch heiß die Blätter vorsichtig lösen. Kohlkopf gegebenenfalls noch einmal zurück ins kochende Wasser geben, um weitere Blätter zu lösen.

Für jede Roulade drei bis vier Blätter übereinander legen, die größeren außen, die kleineren innen. Das innerste Blatt mit Salz, Pfeffer und Kümmel würzen. Hackfleisch, fein gehackte Zwiebelwürfel, Eier, Semmelmehl und die Gewürze zu einer Masse verkneten, abschmecken und auf den Krautblättern verteilen. Rouladen fest aufrollen, eventuell mit Küchengarn oder Holzspießen fixieren.

Speckwürfel in einem Schmortopf ausbraten, die Rouladen im Speckfett rundum bräunen. Tomatenmark gleichmäßig verteilen, mit Bier und Brühe ablöschen und **20 bis 30 Minuten** schmoren. Danach die Kohlrouladen herausnehmen, den Bratenfond binden und nochmals aufkochen, nachwürzen und zum Schluss die saure Sahne unterrühren. Dazu gibt es Salzkartoffeln.

Berliner Klops

Klar, dass der Berliner mit Klops etwas anderes meint als Buletten jeder Art. Die Bezeichnung »Berliner Klops« für ein Schnitzel geht auf das französische Wort »escalope« (Schnitzel) zurück, das sowohl die Hugenotten als auch Napoleons Truppen benutzten. Wohingegen ein »Berliner Schnitzel« mit Sicherheit zu den ganz speziellen Gerichten der Hauptstadt gehört. Nicht-Berliner, die die Zutatenliste lesen, winken meist dankend ab. Dabei schmeckt dieses »falsche Wiener Schnitzel« besser als vermutet. Das Fleisch des Kuheuters ist sehr zart und ähnelt Kalbfleisch. Auf Vorbestellung bekommt man es bei jedem Fleischer.

- *4 große, dünne Schweineschnitzel*
- *Salz, Pfeffer, 1 TL Paprikapulver*
- *1 EL Mehl*
- *1 Ei, 4 EL Semmelbrösel*
- *Öl zum Braten*
- *200 g Crème fraîche*
- *Kräuter der Provence (frisch oder TK)*
- *2 Knoblauchzehen*
- *1 EL Dijon-Senf*
- *40 g Butterschmalz*
- *4 Salbeiblätter*
- *2 Stiele Petersilie*

Die Schnitzel salzen, pfeffern, mit Paprika würzen. Zuerst in Mehl, dann in geschlagenem Ei wenden und abschließend mit den Semmelbröseln panieren. Bratfett in einer Pfanne erhitzen und die Schnitzel einzeln von jeder Seite ca. **5 Minuten darin** braten, warm stellen.

Knoblauch abziehen und in die Crème fraîche pressen, zerkleinerten Salbei, Senf und gehackte Petersilie dazugeben, alles mischen. Den Bratenfond mit etwas Wasser ablöschen und die vorbereitete Crème fraîche zufügen. Mit dem Schneebesen gut durchrühren und einige Minuten aufkochen. Die Schnitzel auf vorgewärmte Teller geben, mit der Sauce überziehen und mit Salzkartoffeln, Buttermöhren oder feinen Teltower Rübchen (siehe Seite 74) servieren.

Berliner Schnitzel

1 kg Kuheuter

1 Bund Suppengrün

1/2 Knollensellerie

Pfeffer, Salz

1 Ei

4 EL Mehl, 4 EL Semmelbrösel

Öl zum Braten

Kuheuter putzen (nicht verwendete Teile wegschneiden), wässern und heiß überbrühen. Wasser mit dem geputzten, klein geschnittenen Suppengrün und Sellerie zum Kochen bringen. Das Fleisch etwa **3 Stunden** kochen, bis es gar ist. Abkühlen lassen und in Scheiben wie Schnitzel schneiden.

Ei mit Salz und Pfeffer verrühren. Die vorbereiteten Kuheuterscheiben zuerst in Mehl, dann in Ei und abschließend in Semmelbrösel wenden. Die Brösel nicht andrücken. Schnitzel in heißem Öl schwimmend ausbacken, die Panade sollte sich wölben und wellen. Überschüssiges Fett mit Küchenpapier abtupfen, mit Sardellenringen und Zitronenscheibe anrichten.

Schnitzel »Holstein«

Mit Sonderwünschen kennen sich die Berliner Köche aus. Einer Legende zufolge soll der preußische Geheimrat Fritz von Holstein Ende des 19. Jahrhunderts in seinem Stammlokal immer »Vorspeise und mein Schnitzel, schnell, schnell« bestellt haben. Der Koch nahm es gelassen und richtete alles zusammen auf einem Teller an.

- *4 eingelegte Sardellenfilets*
- *2 Ölsardinen (Dose, Abtropfgewicht ca. 50 g)*
- *2 Scheiben Räucherlachs (à ca. 40 g)*
- *4 Scheiben Toastbrot*
- *4 Kalbsschnitzel (aus der Keule, à ca. 125 g)*
- *weißer Pfeffer*
- *Mehl*
- *60 g Butterschmalz*
- *4 Eier*
- *15 g Kaviar*
- *1 kleine Gewürzgurke*
- *1 Bio-Zitrone, Salz*
- *2 EL kleine Kapern (Glas)*

Sardellenfilets in einem Sieb abspülen und trocken tupfen. Ölsardinen abtropfen lassen, Haut abziehen und längs halbieren, eventuell Gräten entfernen. Lachsscheiben halbieren. Toastbrot entrinden und diagonal halbieren. Kalbsschnitzel waschen, mit Küchenpapier trocknen und flach klopfen. Die Schnitzel mit Pfeffer würzen und in Mehl wenden. Je 20 g Butterschmalz erhitzen und die Schnitzel nacheinander von jeder Seite ca. **3 Minuten** braten. Herausnehmen, in Alufolie wickeln und beiseite stellen.

Dann die Brotscheiben in der Hälfte des übrigen Butterschmalzes von beiden Seiten goldbraun braten. Herausnehmen, auf Küchenpapier legen und etwas abkühlen lassen. Für die Spiegeleier das restliche Butterschmalz erhitzen, die Eier aufschlagen und nebeneinander ins heiße Fett gleiten lassen. Salzen und einige Minuten bei niedriger Temperatur braten, bis das Eiweiß gestockt ist. Inzwischen die gerösteten Brotecken mit Lachs, Sardellen, Ölsardinen und Kaviar belegen. Gewürzgurke in Scheiben schneiden. Zitrone heiß abspülen und in 8 Spalten schneiden.

Schnitzel aus der Folie nehmen und leicht salzen. Auf Teller legen, je 1 Spiegelei darauf setzen und mit einigen Kapern bestreuen. Brotecken dazu anrichten. Mit Gurkenscheiben und Zitronenachteln garnieren.

Rindfleisch »Berliner Art«

800 g Rindfleisch (Hüftdeckel vom Rind)
1 TL Salz
3 Möhren, 1 Stange Lauch
150 g Sellerie
1 Petersilienwurzel, 1 Zwiebel
2 EL Butter
Mehl, Salz, Sahne
1 kleines Glas Meerrettich
1 Apfel

Etwa 2 Liter Wasser in einem großen Topf mit Salz zum Kochen bringen. Das Fleisch hineinlegen und **2 Stunden** bei milder Hitze leise kochen lassen. Das Suppengemüse putzen, klein schneiden und etwa **30 Minuten** vor Ende der Garzeit zufügen.
Die Butter erhitzen, mit etwas Mehl bestäuben und unter Zugabe von wenig Kochwasser eine Mehlschwitze herstellen. Mit Salz würzen. Die Sahne zugeben und etwas einkochen lassen. Meerrettich (aus dem Glas oder frisch gerieben) zugeben. Die Menge richtet sich nach dem gewünschten Schärfegrad. Die Sauce warm halten, aber nicht mehr kochen. Den Apfel schälen und in die Sauce reiben.
Zum Servieren das Fleisch in Scheiben schneiden und auf einer Platte anrichten. Die Sauce extra reichen.

Berliner Sauerbraten

Sauerbraten klingt beim ersten Hören so gar nicht nach einer Berliner Spezialität. Und doch hat der »Sauerbraten Berliner Art«, der im Restaurant Lutter & Wegner am Gendarmenmarkt auf der Speisekarte steht, den 1. Preis beim Deutschen Sauerbraten-Wettbewerb gewonnen.

- *3 Zwiebeln*
- *1 Möhre*
- *1/4 l Rotweinessig*
- *2 Flaschen Berliner Weiße*
- *Lorbeerblatt, Gewürzkörner, Nelken*
- *je 2 Stiele Thymian und Basilikum, Salz*
- *2 kg Rindfleisch*
- *3 Knoblauchzehen*
- *100 g fetter Speck*
- *8 Gewürznelken*
- *Speckfett, Saucenkuchen*
- *500 g gedörrte Apfelringe*
- *1 TL Zimt, 2 EL Butter*
- *4 cl Rotwein*
- *Muskatnuss*

Für die Marinade Zwiebeln und Möhre schälen und in grobe Stücke teilen. Essig und Berliner Weiße in ein großes Gefäß gießen, Gemüse und Gewürze dazugeben. Das Fleisch in die Marinade geben. **1 bis zwei 2 Tage** ziehen lassen. Die Knoblauchzehen abziehen. Den Speck in Streifen schneiden. Das Fleisch aus der Marinade nehmen, mit Knoblauch, Zwiebeln und Gewürznelken spicken und in heißem Speckfett rundum anbraten. Anschließend mit Marinade auffüllen und im geschlossenen Topf bei niedriger Hitze etwa **2 Stunden** schmoren. Dabei immer wieder mit Marinade auffüllen und reduzieren. Wenn das Fleisch gar ist, aus der Sauce nehmen und warm stellen. Sauce passieren und mit Saucenkuchen binden.

Zum Berliner Sauerbraten gehören geschmorte Apfelringe. Hierfür getrocknete Apfelringe in Zimtwasser einweichen, etwas quellen lassen und dann aufkochen. **Einige Minuten** dünsten, die Apfelscheiben sollen nicht zu weich werden. In wenig Butter kurz anschwenken, so dass sie Farbe annehmen und mit einem Schuss Rotwein ablöschen. Mit frisch geriebenem Muskat abschmecken. Als Beilage dazu reichen.

Kaum ein Satz ist so bekannt wie der des amerikanischen Präsidenten John F. Kennedy: »Ich bin ein Berliner«. Weniger bekannt ist, was Kennedy und Brandt an jenem Tag im Juni des Jahres 1963 beim abschließenden Empfang serviert bekamen. Das Archiv der Senatskanzlei allerdings weiß Bescheid: Cocktail von frischem Steinbutt »Ratsherren Art«, Toast und Butter, danach Rinderfilet »Renaissance« mit Spargelspitzen, gedünstetem Paprika und Schlosskartoffeln, außerdem Salatherzen »Karoline« und zum Abschluss eine Eis-Charlotte »Jacqueline«, Petits fours und Mokka. Aus heutiger Sicht liest sich das Menü eher bescheiden und doch ist es ein perfektes Spiegelbild der Berliner Küche – regional und bodenständig.

Gratiniertes Rinderfilet

- *500 g weißer Spargel (bevorzugt aus Beelitz)*
- *4 Tomaten*
- *1/2 Bund Basilikum*
- *1 TL Gemüsebrühe (Instant)*
- *1 TL Zucker*
- *20 g Butter*
- *250 ml Schlagsahne*
- *2 Pck. Sauce Hollandaise (FP)*
- *1 EL Tomatenmark*
- *800 g Rinderfilet*
- *2 EL Öl, Salz, Zitronenpfeffer*

Backofen auf **200 °C** vorheizen. Spargel waschen, schälen und schräg in Drittel schneiden. Enthäutete Tomaten würfeln. Basilikumblättchen von den Stielen zupfen und klein schneiden. In einem Topf Wasser mit Zucker, Butter und dem Brühpulver zum Kochen bringen. Den Spargel darin ca. **10 Minuten** kochen. Abgießen, dabei das Spargelwasser auffangen. Sahne und 250 ml Spargelwasser mischen. Sauce Hollandaise und Tomatenmark unterrühren und zum Kochen bringen. Tomaten und Basilikum zugeben. Rinderfilet in 8 Scheiben schneiden und im heißen Öl von beiden Seiten etwa **4 Minuten** anbraten, würzen. Anschließend nebeneinander in eine Auflaufform legen. Spargel und Sauce darauf verteilen. Im Backofen ca. **15 Minuten** gratinieren.

Kasseler Rippenspeer

Diesen Klassiker der Berliner Küche verdanken wir dem Berliner Fleischermeister Cassel. Warum das Kassler oder Kasseler dann nicht Casseler heißt, blieb im Dunkel der Geschichte verborgen. Fakt ist, dass Fleischermeister Cassel um 1880 in der Potsdamer Straße in Berlin Schöneberg einen Schweinerücken in eine Salzlake einlegte, um ihn haltbarer zu machen. Das Fleisch bekommt nicht nur ein besonderes Aroma, sondern wird recht lange haltbar und braucht keine lange Garzeit.

ca. 1 kg Kasselerkotelett (vom Fleischer auslösen und Knochen kleinhacken lassen)

1 kleines Suppengrün

1/4 l Brühe oder brauner Bratenfond

1 EL Kartoffelstärke

100 ml Rotwein

Ofen auf **200 °C** vorheizen. Vom Fleisch die dicke Rückensehne abschneiden und dann mit der Fettseite nach unten in eine Schmorpfanne legen. Suppengrün grob zerkleinert zusammen mit den Knochenstückchen in den Schmortopf geben. Brühe angießen. Temperatur auf **180 °C** senken und das Fleisch im Ofen ca. **50 Minuten** schmoren lassen. Fleisch herausnehmen und warm stellen. Die Kartoffelstärke im Rotwein verrühren und den Bratfond damit leicht binden, dann die Sauce passieren. Das Fleisch in ca. 2 cm dicke Scheiben schneiden und mit der Sauce überziehen. Dazu schmecken Kartoffeln oder Klöße, Sauerkraut, Rotkohl, aber auch Grünkohl oder grüne Bohnen.

Geflügel- und Wildgerichte

»Jäger ist er nicht, aber der Hang zur Übertreibung ist da.«

Otto Fürst von Bismarck

Schon Fontane bezeichnete Berlin als Eldorado für Feinschmecker. Er schreibt von Schwarzwild, Hirsch und Reh im Grunewald, von Spargel en masse bei Halensee, von Morcheln und Teltower Rüben, von Fetthammel-Herden und Oderkrebsen, von Sperenberger Salz und Havelland-Milch. Andererseits ist es nicht von der Hand zu weisen, dass Wild eher in die gehobene Berliner Küche gehört. Und vielleicht ist es auch eine unbewusste Erinnerung an jene Zeit, da – wie es ein bayerischer Kultusminister einmal ziemlich deftig, aber treffend formulierte – »Bayern schon ein geordneter Staat mit geschriebenen Gesetzen (war), als dort, wo später Berlin gebaut wurde, noch Wildsäue ihre Hintern an Föhren rieben.«

Die Berliner sehen sich trotzdem in einer Riege mit Paris oder London und pochen aufs weltstädtische Flair, natürlich auch – oder gerade – wenn es ums »piekfeine Speisen« geht.

Wildsuppe

4 EL Öl

1 kg klein gehackte Wildknochen und Abschnitte

1 Bund Suppengrün, Salz

2 Zwiebeln, 2 Blättchen Lorbeer

1 Bund Thymian

2 Stiele Rosmarin

5 Wacholderbeeren

Pfeffer aus der Mühle, Zucker

400 g Kürbis (z. B. Butternut oder Muskatkürbis)

Einen breiten Topf erhitzen und das Öl hineingeben. Die Wildknochen und Abschnitte waschen, trocken tupfen und klein hacken, ins erhitzte Öl geben und kräftig braun rösten. Inzwischen das Suppengrün putzen, waschen und klein schneiden. Sobald Knochen und Fleisch Farbe angenommen haben, das Gemüse zugeben und mit Salz bestreuen. Unter gelegentlichen Rühren bräunen, dann das Öl abgießen.

Bis zu 2 Liter Wasser nach und nach zugießen, dabei immer warten, bis die Flüssigkeit reduziert ist. Zwiebeln abspülen (nicht schälen!), halbieren und die Schnittseiten in einer trockenen Pfanne bei starker Temperatur ebenfalls

Für die Rehklößchen

150 g Rehfilet

100 ml Schlagsahne

Salz, schwarzer Pfeffer

2–3 Wacholderbeeren

Die Zubereitung ist aufwändig, lohnt aber Mühe und Zeit. Schneller geht es, wenn statt selbst gekochter Wildbrühe fertiger Wildfond als Grundlage verwendet wird. Der Geschmack ist jedoch viel weniger intensiv.

braun rösten. Die so vorbereiteten Zwiebelhälften zur Suppe geben. Lorbeer, Thymian, Rosmarin und Wacholderbeeren zufügen. Bei niedriger Temperatur offen ca. **6 Stunden** simmern lassen, lieber noch länger. Zwischendurch den Schaum abschöpfen und darauf achten, dass genügend Flüssigkeit im Topf ist.

Abschließend die Brühe durch ein, mit einem feinen Geschirr- oder Passiertuch ausgelegtes, Sieb in einen sauberen Topf gießen. Wieder erhitzen, mit Salz, Pfeffer und Zucker abschmecken. Währenddessen den Kürbis schälen, entkernen, würfeln und in der Suppe **20 Minuten** ziehen lassen.

Für die Rehklößchen das Fleisch waschen, trocknen und in Würfel schneiden. Die Würfel für **30 Minuten** in den Tiefkühler stellen. So angefroren mit Sahne im Mixer fein pürieren. Mit Salz und Pfeffer abschmecken. Wacholderbeeren im Mörser sehr fein zerstoßen, dann in ein Sieb geben, über dem Fleischpüree schütteln und gut umrühren. Salzwasser zum Kochen bringen. Topf vom Herd ziehen. Mit zwei Teelöffeln Klößchen abstechen, diese ungefähr **4 Minuten** im heißen Wasser ziehen lassen. Die Klößchen mit einer Schaumkelle herausnehmen und in der Wildsuppe servieren.

Historische Gaststätte „Zum Nussbaum" im Nikolaiviertel

Entenbrustsalat

4 Stiele Thymian

2 küchenfertige Entenbrüste à 300 g

4 EL Öl

400 g Chicorée

2 EL Gemüsebrühe

1 TL Honig

2 EL Weißweinessig

Saft von 1/2 Zitrone

2 EL mildes Olivenöl

Salz, Pfeffer

Thymian waschen und trocken schütteln. Die Entenbrüste waschen, mit Küchenpapier trocknen. Auf der Hautseite rautenförmig einschneiden, ohne das Fleisch zu verletzen. Die Hautseite salzen und pfeffern. Öl in einer Pfanne mäßig erhitzen. Die Entenbrüste mit der Hautseite in die Pfanne legen, Thymian dazugeben. Das Fleisch zugedeckt etwa **6 Minuten** anbraten, dann die ungebratene Seite mit Salz und Pfeffer würzen, Fleisch wenden und zugedeckt weitere **3 Minuten** braten. Auf dem Gitterrost über einer Fettpfanne im vorgeheizten Backofen warm halten.
Strünke aus den Chicoréestangen keilförmig herausschneiden, Chicorée in einzelne Blätter teilen und waschen, trocken schütteln und je nach Größe längs vierteln oder achteln. Für das Dressing die Gemüsebrühe leicht erwärmen und den Honig darin auflösen. Essig, Zitronensaft und Olivenöl kräftig unterschlagen, mit Salz und Pfeffer würzen.
Entenbrüste aus dem Ofen nehmen, etwas abkühlen lassen. Chicoréeblätter auf Tellern arrangieren. Entenbrüste in Tranchen schneiden und auf dem Salat anrichten. Mit dem Dressing überziehen. Toast dazu reichen.

Hahn im Korb (Broilersalat)

2 große Broiler (Brathähnchen), fertig vom Grill, Markt oder aus dem Supermarkt

1 Bio-Limette, 200 g Joghurt (3,5 % Fett)

150 g Schmand

Salz, Pfeffer, Zucker

1/2 Bund Basilikum

je 1 rote und gelbe Paprikaschote

3 Stiele Staudensellerie

1/2 Bund Lauchzwiebel

1 Bund Rucola

Die gekauften, fertigen Broiler enthäuten. Etwas von der Haut in einer heißen Pfanne mit wenig Öl sehr kross braten, anschließend auf Küchenpapier abtropfen lassen. Das Hühnerfleisch von den Knochen lösen und in mundgerechte Stücke schneiden.

Die Limette heiß waschen, trocken tupfen und die Schale abreiben, den Saft auspressen. Die Limettenschale mit Joghurt und Schmand verrühren, mit Salz, Pfeffer, Limettensaft und einer Prise Zucker abschmecken. Basilikumblättchen fein schneiden und zum Dressing geben.

Paprika, Sellerie, Lauchzwiebeln und Rucola putzen, waschen und abtropfen lassen. Alles in Stücke schneiden und mit dem Fleisch mischen. Auf einem großen Teller oder einer Platte anrichten, die krosse Haut darüber geben und das Dressing gesondert dazu servieren.

Broiler ist eine typisch ostdeutsche und somit Ost-Berliner Bezeichnung für Brathähnchen, obwohl der Fairness halber gesagt werden muss, dass dieses Etikett eigentlich nur dem »Goldbroiler« zusteht. Selbstverständlich nimmt das erste Kombinat für industrielle Mast (KIM) in den 1960er Jahren seine Produktion in Königs Wusterhausen, bei Berlin auf, und natürlich gibt es auch die erste »Broilerbar« in Berlin. Im November 1967 öffnet sie ihre Türen, nachdem sich die Verantwortlichen aufmerksam bei »Wienerwald« umgesehen hatten.

Brathähnchen

1 frisches Brathähnchen (ca. 1 1/2 kg, küchenfertig)

2 Zwiebeln, 2 Möhren

2 Stangen Sellerie

1 Knoblauchknolle

Öl, Salz, Pfeffer, 1 Bio-Zitrone

1 kleines Bund frischer Kräuter (Thymian, Rosmarin, Lorbeer oder Salbei)

Backofen auf **240 °C** vorheizen. Gemüse waschen, nicht schälen und in grobe Stücke schneiden. Knoblauchzehen vereinzeln, ebenfalls nicht schälen. Beides in die Mitte eines großen Topfes geben und mit Öl beträufeln. Das küchenfertige Hähnchen mit Öl einstreichen und rundum mit reichlich Salz und Pfeffer einreiben. Die Zitrone mit der Spitze eines scharfen Messers auf allen Seiten anstechen und zusammen mit dem Kräuterbund in die Bauchhöhle des Hähnchens geben. Hähnchen mit der Brustseite nach oben auf das Gemüsebett legen, Topf in den heißen Ofen schieben, Hitze sofort auf **200 °C** reduzieren. Das Hähnchen **1 Stunde und 20 Minuten** garen. Nach der Hälfte der Garzeit mit dem ausgetretenen Fleischsaft übergießen, gegebenenfalls etwas Wasser zugeben, damit das Gemüse nicht trocken wird.

Das gare Hähnchen in eine Lage Alufolie wickeln und mit einem Küchentuch abdecken. Vor dem Servieren wenigstens **15 Minuten** ruhen lassen. Mit dem gerösteten Gemüse anrichten. Dazu passen Pommes frites, aber auch pur mit Brot ist es ein Genuss.

Hähnchen im Kartoffelbett

1 TL Paprikapulver (edelsüß)
6 EL Öl
750 g neue Kartoffeln (z. B. Drillinge)
2 große Fleischtomaten
500 g Brokkoli
Salz, Pfeffer
3 Scheiben Gouda
6 Scheiben Schinkenspeck
4 Hähnchenfilets (à ca. 175 g)
3 Stiele glatte Petersilie

Paprika und Öl verrühren. Kartoffeln und Tomaten waschen und längs halbieren. Den Brokkoli putzen, in Röschen teilen und abwaschen. Die vorbereiteten Kartoffeln mit dem Brokkoli in eine Schüssel geben, mit der Hälfte der Paprika-Öl-Mischung sowie Salz und Pfeffer würzen, alles gut vermischen. Die Schnittflächen der Tomatenhälften ebenfalls salzen und pfeffern. Zur Seite stellen und durchziehen lassen.

Die Käsescheiben vierteln, Speckscheiben halbieren, so dass jeweils 12 Stück entstehen. Hähnchen waschen, eventuell Sehnen entfernen und trocken tupfen. Dann jedes Filet mit einem scharfen Messer je sechsmal schräg einschneiden. Das Fleisch darf nicht durchgeschnitten werden, sondern soll auffächern. Je schräger Sie einschneiden, desto besser halten später Käse und Speck.

Käse- und Speckscheiben abwechselnd in die Hähnchenfilets stecken. Das Fleisch mit dem restlichen Paprikaöl bestreichen und mit Salz und Pfeffer würzen. Filets auf ein Backblech legen. Kartoffeln, Brokkoli und Tomatenhälften darum verteilen.

Im vorgeheizten Backofen (ca. 170 °C) ungefähr 45 Minuten backen. Vor dem Servieren mit dem Bratfett beträufeln und mit gehackter Petersilie bestreuen.

Berliner Frikassee

Was dem Leipziger sein »Allerlei« ist dem Berliner sein Frikassee, früher ein preiswertes Gericht, aus allem, was Stadt und Flur so bereithielten, heute eine Delikatesse mit durchaus teuren Zutaten.

1 Fleischhuhn (ca. 1 1/2 kg)
1 Bund Suppengrün
250 g weißer Spargel
125 g Champignons
50 g Morcheln
100 g Butter
1 Zitrone
16 Krebsschwänze (küchenfertig)
1/4 l trockener Weißwein
3 EL Mehl
1/4 l Sahne
4 Eigelb, Salz, Pfeffer
Worcestersauce
25 g Krebsbutter
1 EL Kapern

Huhn in Salzwasser aufkochen, ausschäumen und das geputzte Suppengrün dazugeben. Etwa **1 bis 1 1/2 Stunden** kochen. Das weiche Huhn auslösen, Fleisch klein schneiden und warm stellen.
Den geschälten Spargel garen, in kleine Stücke schneiden. Pilze putzen (getrocknete Morcheln über Nacht in heißem Wasser einweichen), vierteln und in etwas Butter und Zitronensaft dünsten. Die Krebsschwänze in der Hälfte des Weins erwärmen. Restliche Butter zerlassen, eine Mehlschwitze bereiten, mit Spargelfond und dem restlichen Wein auffüllen, gut verrühren und aufkochen. Sahne und Eigelb verquirlen, unter die Sauce ziehen. Mit Salz, Pfeffer und Worcestersauce abschmecken. Hühnerfleisch, Krebsschwänze, Spargel und Morcheln in einer tiefen Schüssel anrichten, Sauce darüber geben, Krebsbutterstückchen und Kapern darauf geben und mit Butterreis servieren.

Gans ganz brav

2 Gänsebrüste (ca. 900 g)
Salz, Pfeffer
2 Zwiebeln
1–2 Stiele Beifuß
1 Lorbeerblatt
3 Stiele frischer Majoran
1/8 l Rotwein
1/8 l Gänsefond (FP)
Eventuell 2 TL Saucenbinder

Den Backofen auf **180 °C** vorheizen. Die Haut der Gänsebrust mit einem scharfen Messer mehrmals schräg einschneiden. Haut- und Fleischseite mit Pfeffer und Salz einreiben. Einen Bräter ohne Zugabe von Fett erhitzen. Wenn er heiß genug ist, die Gänsebrüste mit der Hautseite nach unten hinein legen und scharf anbraten. Temperatur reduzieren und das Fleisch weiter braten, bis es anfängt zu bräunen und das Fett austritt. Jetzt ringsum anbraten. Die Gänsebrüste herausnehmen, warm halten, das Fett bis auf einen kleinen Rest abgießen. Zwiebeln schälen, vierteln und darin dünsten. Beifuß, Lorbeerblatt und Majoran zugeben, den Bratensatz mit Rotwein ablöschen. Die Brüste mit der Hautseite nach oben wieder hinein legen und ohne Deckel auf die zweite Schiene von unten in den Herd schieben, alles ca. **60 Minuten** schmoren, dabei nach und nach mit heißem Fond begießen.

Bräter aus dem Ofen nehmen. Die Gänsebrüste auf den Gitterrost legen und weitere **15 Minuten** im ausgeschalteten, noch warmen Herd ruhen lassen. Inzwischen die Bratensauce durch ein Sieb in einen Topf gießen, aufkochen und nach Belieben mit Wasser, Brühe oder Wein verlängern. Die Bratensauce eventuell mit dunklem Saucenbinder andicken und nachwürzen.

Dazu passen ganz klassisch Salzkartoffeln und Rotkraut.

Grunewalder Wildschweinbraten

1 kg Wildschweinbraten (aus der Keule)

Salz, Pfeffer, 2 Zwiebeln

1/4 l Rotweinessig

1 Bund Suppengrün

2 Lorbeerblätter, 2 Nelken, 5 Pimentkörner

1 Bio-Zitrone

1 EL Zucker

150 g Schinkenwürfel (FP)

1 EL Butterschmalz

1/4 – 1/2 l Rotwein

2 EL geriebenes Schwarzbrot

Fleisch waschen, eventuell Haut und Sehnen entfernen, trocken tupfen und kräftig mit Salz und Pfeffer würzen. Die Zwiebeln schälen und in nicht zu dünne Scheiben schneiden. Aus Essig, grob zerkleinertem Suppengrün, den Zwiebelscheiben, Lorbeerblättern, Nelken und Piment eine Marinade rühren. Die Zitrone heiß abwaschen und trocken reiben, dann in Scheiben schneiden. Die Marinade mit den Zitronenscheiben und Zucker aufkochen und heiß über das Fleisch gießen, zudecken und an einem kühlen Ort **1 bis 2 Tage** marinieren lassen.

Fleisch aus der Marinade nehmen und sehr gut abtropfen lassen. Eventuell mit Küchenpapier vorsichtig abtrocknen. Butterschmalz erhitzen und die Speckwürfel darin auslassen. Das Fleisch von allen Seiten kräftig anbraten. Mit etwas Rotwein ablöschen. Die Marinade durch ein Sieb zum Fleisch geben und mit Rotwein auffüllen. Zugedeckt bei niedriger Temperatur ca. **1 Stunde** schmoren lassen. Wenn nötig nochmals etwas Rotwein zugeben. Wenn das Fleisch gar ist, die Wildschweinkeule aus dem Topf nehmen und warm stellen. Die Sauce mit geriebenem Schwarzbrot binden. Den Braten aufschneiden und mit der Sauce servieren. Dazu schmecken Püree (siehe Seite 82) und Sauer- oder Rotkraut.

„Hotel Adlon"
am Pariser Platz

Wilde Buletten

2 Scheiben Toastbrot

1 Bund Lauchzwiebeln

700 g Hirsch- oder Wildschweinbraten

abgeriebene Schale von 1 Bio-Orange

1 – 2 EL grober Senf

Salz, Pfeffer

Öl zum Braten

1 kleines Glas Preiselbeerkonfitüre (FP)

20 g Butter

1 – 2 EL Balsamico-Essig

Toast entrinden und in warmem Wasser ca. **10 Minuten** einweichen. Lauchzwiebeln putzen, waschen und in feine Ringe schneiden. Diese nochmals halbieren. Fleisch waschen, trocken tupfen und würfeln, dabei eventuell Haut und Sehnen entfernen. Die Fleischwürfel zweimal durch den Fleischwolf geben, so dass ein nicht zu grobes Hack entsteht. Eventuell können Sie Wildgehacktes auch bei Ihrem Fleischer vorbestellen und küchenfertig zubereiten lassen. Eingeweichten Toast gut ausdrücken und mit dem Wildhackfleisch, Lauchzwiebeln, Orangenschale und Senf vermengen und kräftig mit Salz und Pfeffer würzen. Aus der fertigen Masse 8 Buletten formen und bei **mittlerer Hitze** in Öl langsam braten (**3 bis 4 Minuten** von jeder Seite).
Preiselbeerkonfitüre erwärmen, dabei die Butter schmelzen lassen. Abschließend mit Balsamico-Essig abschmecken und zu den Buletten servieren.

Winterliches Wildragout

für 6 Personen

1,2 kg Wildfleisch (z. B. Hirsch, auch Reh, am besten aus der Schulter)

Salz, Pfeffer

30 g Butterschmalz

je 3 Stiele Thymian und Rosmarin

2 Lorbeerblätter

1 – 2 EL Wacholderbeeren

1/4 l Rotwein, 75 ml Weinbrand

ca. 1/2 l Wildfond

1 EL Tomatenmark

3 – 4 Möhren

3 – 4 Petersilienwurzeln

1/2 Knollensellerie (ca. 150 g)

10 kleine Schalotten

1 EL Öl, Zucker

550 – 600 g Mehl

175 g Butter, 150 g Frischkäse

3 Eigelb

Wichtig ist, dass das Wildragout **1 Tag** auskühlen kann, daher **am Vortag zubereiten**! Hierfür das Fleisch waschen, trocken tupfen, Haut und Sehnen entfernen. Fleisch in kleine Stücke schneiden, salzen und pfeffern. In einem Topf das Butterschmalz zerlassen und das Fleisch rundum kräftig anbraten. Kräuter, Lorbeerblätter und Wacholderbeeren zugeben, kurz mitrösten, dann mit Rotwein ablöschen. Weinbrand zugießen, das Tomatenmark einrühren und nach und nach mit Wildfond aufgießen. Zugedeckt bei niedriger Temperatur etwa **2 bis 2 1/2 Stunden** schmoren. Wenn nötig noch Wildfond nachgießen.

Das Gemüse putzen und in mundgerechte Stücke schneiden. Die Schalotten abziehen und halbieren. Fleisch mit einer Schaumkelle aus dem Topf nehmen.

Öl in einer Pfanne erhitzen und Gemüse sowie Schalotten anbraten. Kräftig mit Salz, Pfeffer und etwas Zucker würzen. Den Kochfond durch ein Sieb in den Topf geben und ca. auf die Hälfte einkochen lassen. Wildfleisch zugeben, kurz aufwallen lassen und vom Herd nehmen. Zugedeckt kühl stellen.

Am nächsten Tag (mindestens **2 Stunden** vor dem Essen) aus 500 g Mehl, 150 g weicher Butter, Frischkäse und 2 Eigelb einen glatten Teig kneten, dabei 1 Prise Salz zugeben. Den Teig in Frischhaltefolie einschlagen und im Kühlschrank **1 Stunde** ruhen lassen.

Preußens Adel wusste die Jagd durchaus zu schätzen, auch wenn es scheint, als sei die im Berliner Umland weniger glamourös und aufwändig zelebriert worden als anderswo in deutschen Landen. Der touristisch orientierte »Hofradweg« von Königs Wusterhausen nach Lübben führt jedenfalls durch das ehemalige Jagdrevier der preußischen Könige, vorbei an kleinen Jagdschlösschen und mitten durch Wald und Heide.

Backofen auf **200 °C** (Umluft 180 °C) vorheizen. Eine Arbeitsfläche mit etwas Mehl bestäuben und gut die Hälfte des Teiges dünn ausrollen. Eine Auflaufform (ca. 20 x 20 cm bzw. ø 20 cm) mit dem Rest der Butter einfetten und mit dem Teig auskleiden. Darauf achten, dass auch die Seiten und Ecken der Form bedeckt sind. Überstehenden Teig abschneiden und mit dem Rest des Teiges zu einem Deckel ausrollen.

Das kalte Wildragout in die Form füllen. Das dritte Eigelb verschlagen und den Teigrand sowie die Seiten damit bepinseln. Den Teigdeckel auflegen und so an den Teigrand drücken, dass beide fest verbunden sind. In der Mitte ein kleines Loch ausschneiden. Teig mit dem übrigen Eigelb bestreichen. Form auf die unterste Schiene des vorgeheizten Herdes schieben und **40 bis 45 Minuten** backen.

Ragout in der Form servieren. Dazu passen Salat und ein kräftiger Rotwein.

Kaiser-Wilhelm-Gedächtnis-Kirche in Berlin Charlottenburg (im Berliner Volksmund auch „Hohler Zahn")

Schorfheider Rehkeule

200 g Speck

2 kg Rehkeule

2 TL Salz, 1 TL Pfeffer

1/2 TL Thymian (getrocknet)

150 – 200 ml Öl (es soll ungefähr eine Tasse voll sein)

100 g Butter

1/4 l Rotwein

2 EL Orangenmarmelade

1/4 l saure Sahne

Cayennepfeffer

2 Äpfel

2 EL Butter

Backofen auf **200 °C bis 220 °C** vorheizen. Speck in dünne Streifen schneiden. Die Rehkeule gründlich von Haut und Sehnen befreien, waschen und mit Küchenpapier trocken tupfen. Dann mit den Speckstreifen spicken. Salz, Pfeffer, Thymian und Öl vermengen und damit die vorbereitete Keule von allen Seiten einstreichen. Butter in einen Bräter geben und im Ofen schmelzen lassen, sofort die Keule in den Bräter geben und im Ofen anbraten. Darauf achten, dass die Butter nicht zu braun wird. Dann die Hitze auf ca. **180 °C** reduzieren und die Rehkeule etwa **1 1/2 Stunden** im Ofen garen. Dabei das Fleisch öfter wenden und immer wieder mit dem Bratfett und Rotwein begießen. Eventuell die Garzeit verlängern. Wenn das Fleisch weich ist, den Bräter aus dem Ofen nehmen. Die Keule warm stellen.

Für die Sauce Orangenmarmelade und Sahne in den Fond rühren und mit Cayennepfeffer kräftig würzen, eventuell nachsalzen. Alles nochmals aufkochen, wenn gewünscht mit etwas kalter Butter abziehen. Vom Herd nehmen und zum Schluss den restlichen Rotwein zugeben.

Äpfel schälen, in dicke Scheiben schneiden, dabei die Kerngehäuse entfernen. Butter in einer Pfanne erwärmen und darin die Äpfel andünsten. Rehkeule aufschneiden, mit den gedünsteten Apfelscheiben garnieren. Die Sauce extra zum Fleisch servieren. Dazu schmeckt das Rosenkohlpüree von Seite 82.

Fischgerichte

»Ich bin der höflichste Mensch von der Welt und esse gern braune Karpfen und glaube zuweilen an Auferstehung ...«

Heinrich Heine

Die ersten Berliner waren »Fischer«, wird gern behauptet. Dass die märkischen Flüsse und Seen – mehr als 172 – fischreich sind, wussten die Menschen schon in der Steinzeit. Havel, Spree und Dahme mit ihren vielen Krümmungen und seichten Ufern lockten bereits vor rund 10 000 Jahren Siedler an und ließen diese über nicht gerade fruchtbare Böden hinwegsehen.
Nach wie vor werfen Berufsfischer in und um Berlin ihre Netze aus. Das hauptstädtische »Fischereiamt« wacht über mehr als 40 Fischereirechte, die an Flüssen und Kanälen, aber auch am Tegeler See, am Jungfernsee und vor allem am Müggelsee genutzt werden. Rund 38 Fischarten fühlen sich in den Gewässern wohl. Elf von ihnen, zum Beispiel Aal, Zander, Hecht, Barsch, Karpfen und Wels sind für die haupt- und nebenberuflichen Fischer von Bedeutung und werden meist fangfrisch vor Ort verkauft.

Toller Hecht

- *1 ganzer Hecht (ca. 1 – 1,2 kg)*
- *1 – 1 1/2 EL Butter oder Butterschmalz*
- *3 Zwiebeln*
- *Salz, Pfeffer, 1 Lorbeerblatt*
- *40 g geriebener Hartkäse (z. B. Parmesan)*
- *4 TL Semmelbrösel*
- *1/4 l saure Sahne*
- *Petersilie und Zitronenscheiben*

Backofen auf **235 °C** vorheizen. Hecht der Länge nach aufschneiden und die Haut abziehen. In einer ausreichend großen Auflaufform die Butter zerlassen. Zwiebeln schälen und fein hacken, in der Butter andünsten und wieder herausnehmen. Fisch hineinlegen und mit den Zwiebelwürfelchen bestreuen. Mit Salz und Pfeffer würzen. Das Lorbeerblatt etwas zerbröseln und dazugeben. Mit Käse und Semmelbröseln bestreuen. Zuletzt die saure Sahne zugeben.
Auf der mittleren Schiene des Ofens ca. **25 Minuten backen**. Sobald der Fisch gar ist, mit Petersilie und Zitronenscheiben garnieren und in der Form servieren. Dazu schmecken Kartoffeln, aber auch frisches Schwarzbrot und Salat.

Zehlendorfer Hechtsuppe

200 g Hechtfilet (küchenfertig)

40 g Weißbrot ohne Rinde

200 g Butter

2 Eigelb

600 ml Fischfond

2 EL Weißwein

80 g kalte, gesalzene Butter

2 EL kleine, blanchierte Möhrenwürfel

1 EL geschlagene Sahne

Saft von 1/2 Zitrone

Cayennepfeffer, frischer Kerbel

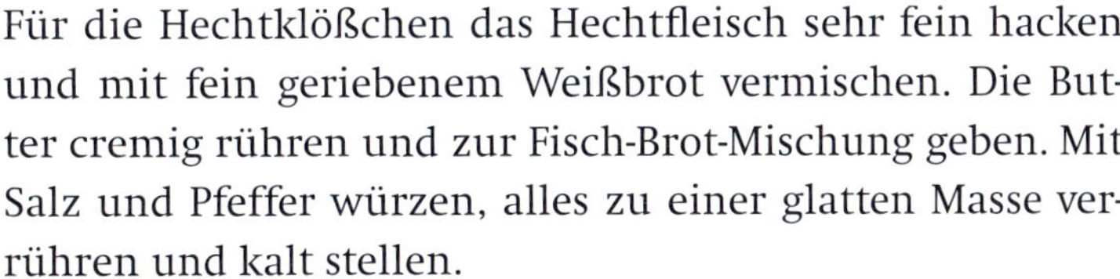

Für die Hechtklößchen das Hechtfleisch sehr fein hacken und mit fein geriebenem Weißbrot vermischen. Die Butter cremig rühren und zur Fisch-Brot-Mischung geben. Mit Salz und Pfeffer würzen, alles zu einer glatten Masse verrühren und kalt stellen.

Inzwischen in einem flachen Topf Salzwasser aufkochen. Mit zwei nassen Teelöffeln Klößchen von der kalten Hechtmasse abstechen und im leise siedenden Wasser ca. **15 Minuten** garen.

Für die Suppe im Wasserbad Eigelb, 2 EL Fischfond und Weißwein mit dem Schneebesen schaumig aufschlagen. Herausnehmen, die kalte Butter in kleinen Flocken unterschlagen. Langsam den restlichen heißen Fischfond einrühren und die Möhrenwürfel untermischen. Sahne locker unterziehen, die Suppe mit Zitronensaft und Cayennepfeffer abschmecken und in vorgewärmte Suppentassen füllen. Hechtnocken hineinsetzen und mit Kerbelblättchen bestreuen.

Fischers Fritz (Flusskrebs-Suppe)

1 Möhre, 1/2 Staudensellerie

1/2 Porreestange, 3 Schalotten

1 Lorbeerblatt

Piment- und Pfefferkörner

je 1/2 TL Fenchelsamen, Kümmelkerne und Dillspitzen (TK)

1 TL Gemüsebrühpulver

1 kg Flusskrebse (küchenfertig, in der Schale)

2 EL Sesamöl

1 EL Tomatenmark

1 – 2 EL Currypulver

250 ml Sahne

100 ml Crème fraîche

4 cl Cognac

Wurzelgemüse putzen und in grobe Stücke schneiden. Schalotten schälen und teilen. Etwa die Hälfte des Gemüses mit 1 Liter Wasser ansetzen, Brühpulver und Gewürze (außer Curry) zufügen, einen Fond kochen. Die Flusskrebse im heißen Fond ca. **3 bis 5 Minuten** blanchieren. Anschließend abschrecken und ausbrechen. Sesamöl in einen Topf geben und die Flusskrebskarkassen mit dem restlichen Wurzelgemüse kurz rösten. Tomatenmark zugeben, mit Fond auffüllen, leicht köchelnd auf die Hälfte reduzieren und abseihen. Currypulver in Sesamöl leicht anrösten, Fond, Sahne sowie Crème fraîche zugeben, kurz aufkochen und abschmecken. Abschließend mit Cognac verfeinern und aufmixen. Die Krebsschwänze auf die Suppe geben und servieren.

Noch im 19. Jahrhundert war Berlin für seine Oder-Krebse und den Havelzander so berühmt, dass die Delikatessen per Nachtzug nach Paris geliefert wurden. Auch konnte man nach jedem noch so kleinen Hochwasser die Krebse angeblich einfach aus den Uferbäumen schütteln. Bis ins frühe 20. Jahrhundert gab es sie in solchen Mengen, dass sie als »Arme-Leute- Essen« galten.

Wels mit Meerrettichhaube

für 5 – 6 Personen

1,2 kg Welsfilet (möglichst fangfrisch)

1 Zitrone, Salz, Pfeffer

Öl zum Anbraten

etwas Mehl

für dic Fischfarce

150 g Wels-Abschnitt, 1 Ei

100 ml Sahne, Salz

1 EL Dillspitzen

für die Meerrettichbrösel

50 g Butter

1 kleiner frischer Meerrettich (ca. 100 g)

5 – 6 Scheiben Toastbrot

Saft von 1/2 Zitrone

Das küchenfertige Welsfilet in Form schneiden, so dass ein rechteckiges Stück entsteht. Die Abschnitte von den Seiten mit einem Ei sehr fein pürieren, leicht salzen. Die Sahne nach und nach einrühren und so lange schlagen, bis eine homogene Masse entsteht. Zuletzt die Dillspitzen zugeben.
Butter in einer Pfanne aufschäumen und salzen. Den Zitronensaft zugeben. Den Meerrettich schälen und fein reiben (die Menge ist davon abhängig, wie scharf man es mag), zur Butter geben und heiß werden lassen. Sobald der Meerrettich kocht, verliert er viel von seiner Schärfe, auch soll die Butter nicht braun werden, daher vorsichtig erhitzen.
Toastbrot entrinden, erst in Würfel schneiden und dann zerbröseln. Diese Brösel in die Buttermasse geben und unterheben.
Das vorbereitete Filetstück in Portionsstücke teilen, diese mit Zitronensaft beträufeln. Filets salzen und pfeffern und abschließend von beiden Seiten mehlieren. Fisch kurz von beiden Seiten anbraten (das Filet soll innen noch glasig sein). Filets aus der Pfanne nehmen, auf ein kleines eingefettetes Blech geben. Zuerst die vorbereitete Farce gleichmäßig auf den Filets verteilen, dann die Meerrettichbrösel darauf geben und leicht andrücken. Im Backofen (nur Oberhitze) ca. **10 Minuten** bei **200 °C** goldbraun backen. Das Fischfilet darf nicht zu fest und trocken werden.

Gebratener Havelzander

4 Zanderfilets mit Haut à 150 g
1 Zitrone
Salz, Pfeffer
3 EL Öl
4 Stiele Thymian
80 g Butter
1 große Salat- oder Schmorgurke
1 Zwiebel
100 g gewürfelter Speck
1 EL Weinessig, 100 ml Sahne
evtl. etwas Senf
1 Bund frischer Dill

Zanderfilets waschen, salzen und mit Zitronensaft einige Minuten marinieren. Öl in der Pfanne erhitzen. Filets erst auf der Hautseite **6 Minuten** braten. Dann noch **2 weitere Minuten** auf der anderen Seite. Dabei den Thymian und einige Zitronenscheiben mit in die Pfanne geben. Zum Schluss 50 g Butter zugeben und mit dem Löffel über die Zanderfilets schöpfen, nochmals salzen.

Gurke schälen, längs halbieren, Kerne entfernen und in Stücke schneiden. Die Zwiebel schälen und fein hacken. Gewürfelten Speck und Zwiebelwürfel in der restlichen Butter anbraten. Gurkenstücke zugeben. Knapp **10 Minuten** schmoren. Weinessig und Sahne zugeben.

Eventuell mit etwas Senf abschmecken. Dill waschen, trocken schütteln und die Spitzen abzupfen. Dillspitzen zum Gurkengemüse geben. Fischfilets auf dem Gemüse anrichten. Dazu passt Kartoffelsalat (siehe Seite 73) oder frisches Brot.

Rahnsdorfer Fischerschmaus

2 Knoblauchzehen
2 EL Öl
600 g Baby-Spinat
300 g Seelachsfilet
200 g Zanderfilet
750 g Flusskrebse (Fischfilets und Flusskrebse küchenfertig kaufen)
Saft von 1/2 Zitrone
Salz, Pfeffer
125 g Butter, 1 EL Öl
1 Zwiebel
1/4 l Weißwein
1/4 l Gemüsebrühe
1 TL Tomatenmark
Cayennepfeffer
je 2 Bund Dill und Schnittlauch
Muskatnuss, Zitronenachtel
Dillspitzen oder Kerbel

Knoblauch schälen und sehr fein schneiden. Öl in einer ausreichend großen Pfanne erhitzen und den Knoblauch andünsten. Den Spinat in einem Sieb abbrausen und nass in die Pfanne geben. Dünsten, bis er zusammenfällt (ca. **3 Minuten**), vom Herd nehmen, aber warm halten.

Küchenfertigen Seelachs mit Zitronensaft beträufeln, vorbereitete Zanderfilets in Streifen schneiden, Flusskrebse abbrausen. Alles leicht salzen und pfeffern. Zwei Drittel der Butter und das Öl zusammen erhitzen, Fischfilets und Krebse darin nacheinander rundum anbraten. Wieder herausnehmen und ebenfalls warm halten.

Zwiebel schälen, in kleine Würfel schneiden und im Bratfett anschwitzen. Wein und Brühe zugeben und auf die Hälfte einkochen lassen. Tomatenmark und Cayennepfeffer einrühren, den Rest der Butter in kleinen Stücken zugeben. Aufkochen. Kräuter waschen und trocken schütteln, klein schneiden und zum Fond geben. Nicht mehr kochen, mit Salz und Pfeffer würzen.

Spinat auf vier Teller verteilen, salzen und etwas frische Muskatnuss darüber reiben. Fischfilets und Krebse auf den Spinatbetten anrichten, mit der Sauce beträufeln und mit Zitronenspalten sowie frischen Kräutern garniert servieren.

Gegrillter Barsch

4 Barsche (küchenfertig, ohne Kopf, à ca. 220 g)
1 Stück Ingwer (ca. 10 g)
2 EL helle Sojasauce
3 Knoblauchzehen
2 rote Chilischoten
1 rote Paprikaschote
1 gelbe Paprikaschote
6 Frühlingszwiebeln
4 EL Öl (z. B. Sonnenblumenöl)
75 ml Fischfond
Salz, Pfeffer
1 EL Zitronensaft
1 Bio-Zitrone

Barsche unter kaltem Wasser abspülen und mit Küchenpapier trocken tupfen. Ingwer schälen, in feine Streifen schneiden und zur Sojasauce geben. Knoblauch schälen, durchpressen und mit der Ingwer-Soja-Sauce mischen. Chili- und Paprikaschoten waschen, halbieren, entkernen, Innenhäute entfernen, Schoten in Streifen schneiden. Frühlingszwiebeln waschen, putzen, das Grüne in Streifen schneiden (das Weiße anderweitig verwenden). 2 EL Öl in einer Pfanne erhitzen, Gemüse darin kurz anbraten, den Fischfond zugießen. Unter ständigem Rühren die Flüssigkeit einkochen. Salzen, pfeffern und mit Zitronensaft würzen.
Fische salzen, pfeffern und mit restlichem Öl beträufeln. Auf dem heißen Grill von jeder Seite **4 bis 5 Minuten** grillen. Die Zitrone heiß abwaschen, vierteln. Fische mit Zitronenspalten und Gemüse anrichten.

Keine andere europäische Me-tropole kann mit so vielen Binnengewässern punkten wie Berlin. Da sind nicht nur die »Strandbäder« gefragt, sondern vor allem das eigene Wassergrundstück mit Boot, uninteressant wie klein und bescheiden. Was auch erklärt, dass in der Hauptstadt mindestens 30 000 Männer wie Frauen einen Angelschein haben und ihre Angelkarte mit Leidenschaft nutzen.

Aal grün

- *2 Bund Suppengrün, 1 Zwiebel*
- *1 Lorbeerblatt*
- *2 Nelken, 10 Pfefferkörner, Salz*
- *1 TL Zucker*
- *5 EL Weinessig, 1/8 l Weißwein*
- *1 kg frischer, küchenfertiger Aal*
- *1 Bund gemischte Kräuter (Petersilie, Estragon, Dill)*
- *je 2 EL Butter und Mehl, Pfeffer*
- *2 EL Zitronensaft, 1 Eigelb*
- *2 EL gehackte Petersilie*

Das Suppengrün putzen, waschen und grob zerschneiden. Die Zwiebel schälen, das Lorbeerblatt mit den Nelken daran feststecken. Alles mit den Gewürzen, dem Essig, dem Wein und 1 1/4 Liter Wasser in einen Topf geben und **20 Minuten** bei schwacher Hitze dünsten. Den Aal gründlich waschen und in etwa 5 cm lange Stücke schneiden. Die Kräuter waschen. Aal und Kräuter in den Sud legen und zugedeckt etwa **15 Minuten** ziehen lassen. In einem zweiten Topf die Butter erhitzen, das Mehl einrühren und so viel Sud durch ein Sieb unter Rühren dazugießen, dass eine sämige Sauce entsteht. Mit Pfeffer und Zitronensaft abschmecken. Topf vom Herd nehmen und das Eigelb einrühren. Die fertigen Aalstücke aus dem Sud heben, abtropfen lassen und in die Sauce legen. Mit der Petersilie bestreut servieren.

Häckerle (Matjes-Tatar)

- *4 Matjes, 2 hart gekochte Eier*
- *1 Schalotte*
- *1 süßlicher Apfel*
- *Salz, Pfeffer, etwas Öl*
- *1/2 Becher Schmand*
- *2 TL Senf*

Alle Zutaten in sehr kleine, feine Würfelchen schneiden. Mit Pfeffer und Salz abschmecken, eventuell etwas Öl zugeben. **Einige Stunden** kaltgestellt ziehen lassen. Schmand und Senf verrühren und dazugeben. Häckerle kann als Salat auf Brötchen oder Brot gegessen werden, schmeckt aber auch mit Pell- oder Bratkartoffeln oder zu Kartoffelpuffern.

Blick auf den Wannsee

Berliner Rollmops

für 12 Rollmöpse

1 Zwiebel , 1 Möhre

1/4 l trockener Weißwein

1/8 l Weißweinessig

1 TL Pfefferkörner

1 EL Wacholderbeeren

1 TL gehackter Thymian

1 Lorbeerblatt

1 TL Salz, 1 Prise Zucker

6 frische Heringsfilets

1 EL gehackter Dill

1 Glas Gewürzgurken

Gemüse schälen, die Zwiebel in Ringe und die Möhre in Scheiben schneiden. Essig und Weißwein zusammen mit den Möhren, Pfefferkörnern, Lorbeerblatt, Wacholderbeeren, Thymian, Salz und Zucker erhitzen und ca. **5 Minuten** köcheln lassen. Die küchenfertigen Heringsfilets in eine hitzebeständige Form legen, mit Dill und den Zwiebelringen bestreuen und anschließend mit dem heißen Sud übergießen. Abkühlen lassen und in der Zwischenzeit die Gewürzgurken der Länge nach vierteln oder halbieren. Die Heringsfilets jeweils um einen Gurkenstreifen wickeln und mit einem Zahnstocher befestigen. Dann die Rollmöpse wieder in die Marinade legen und zugedeckt **4 bis 6 Tage** im Kühlschrank ziehen lassen.

Alt-Berliner Heringssalat

600 g Kartoffeln

4 mittelgroße Salzheringe

3 Äpfel

120 g kalter Schweinebraten

80 g Hartwurst (z. B. Salami)

2 saure Gurken, 1 Zwiebel

3 EL Öl, 3 EL Weißweinessig

2 TL scharfer Senf, 1 TL Zucker

je 1/2 Bund frischer Dill und glatte Petersilie

Salz, Pfeffer

Am Vortag Pellkartoffeln kochen und über Nacht auskühlen lassen. Die Salzheringe **einige Stunden**, besser ebenfalls **über Nacht**, wässern.

Die gekochten Kartoffeln schälen und in Scheiben schneiden. Heringe in mundgerechte Stücke schneiden.

Äpfel waschen, vierteln und in Stücke teilen, den kalten Schweinebraten, die Hartwurst und die sauren Gurken ebenfalls würfeln. Die Zwiebel schälen und fein reiben, mit dem Öl mischen und zu den anderen Zutaten geben, alles salzen und pfeffern. Dann vorsichtig vermengen. Die Heringsmilch mit Essig, scharfem Senf und Zucker verrühren, durch ein Sieb über den Salat geben. Salat **2 Stunden** kühl stellen. Vor dem Servieren fein gehackte Dillspitzen und Petersilie dazugeben.

Bolles Heringstopf (Bratheringe)

für die Marinade

2 Zwiebeln

1/4 l Weißweinessig

200 g Zucker

Salz, 2 Lorbeerblätter

1 TL Pfefferkörner (schwarz)

für die Heringe

8 kleine, grüne Heringe (küchenfertig)

Saft von 1 Zitrone

6 EL Mehl

1 TL Salz, 6 EL Öl

Für die Marinade die Zwiebeln schälen und in dünne Scheiben schneiden. 350 ml Wasser, Essig, Zucker, Salz, Lorbeerblätter und Pfefferkörner so lange kochen, bis sich der Zucker vollständig aufgelöst hat. Dabei gelegentlich umrühren. 350 ml kaltes Wasser zur Marinade geben und abkühlen lassen.

Wer mag kann die Marinade mit frischem Dill, Koriander oder Petersilie, aber auch mit Senfkörnern, Piment oder Wacholder individuell abwandeln.

Die Heringe gründlich unter fließendem Wasser abspülen und mit Küchenpapier sorgfältig trocknen. Die Fische mit dem Zitronensaft säuern. Mehl auf einen flachen Teller sieben und mit Salz mischen. Die Heringe darin wenden, eventuell überschüssiges Mehl wieder abklopfen.

Öl in einer großen Pfanne erhitzen und die Heringe darin von jeder Seite etwa **5 Minuten** braten. Die gebratenen Heringe in ein Gefäß legen und mit der Marinade samt Zwiebeln und Gewürzen übergießen. Die Schüssel abdecken und die Heringe **1 bis 2 Tage** an einem kühlen Ort durchziehen lassen.

Die Heringe erst kurz vor dem Braten in Mehl wenden, sonst wird die Panade zu feucht und die Heringe werden nicht mehr knusprig. Butter, Margarine oder Butterschmalz eignen sich nicht zum Braten, sie werden beim Auskühlen wieder fest und setzen sich ab.

Gemüse

»Was kochen kann in allen Küchen, der alten und der neuen Welt, der muss vor Ihnen sich verkriechen, Sie sind ein großer Küchenheld.«

Friedrich II. von Preußen (Lob für seinen Koch)

Es ist kein Geheimnis, dass Friedrich II. die Kartoffeln in Brandenburg heimisch werden ließ. Dabei liebte er selbst eine anspruchsvollere Küche. Sein Vater bevorzugte noch Graupen und Getreidebrei, Kohl und Biersuppe und ließ auch für den Sohn keine Ausnahme zu. Die königliche Mutter allerdings speiste eher international und vermachte dem Sohn einen wählerischen Gaumen. Wenn sein Koch »Suppe à la Suice« oder »Schinken und Mohrrüben à l'Anglaise« servierte, kam sogar der Preußenherrscher ins Schwärmen. Was ihn nicht hinderte, sowohl die Verpflegung seiner Soldaten als auch den Kampf gegen die Hungersnöte pragmatisch anzugehen: Mit Kartoffeln, Rüben und Kohl.

Kartoffeln, gekocht oder gebraten, als Salat oder sättigende Suppe, spielen in der Berliner Küche noch immer eine große Rolle und Gemüse umfasst längst mehr als Kraut.

Feine Erbsensuppe

- *300 g getrocknete grüne Erbsen*
- *100 g Schinkenspeck*
- *3 Zwiebeln*
- *1 Stange Porree*
- *1/2 Knollensellerie*
- *3 Koteletts (mit Fettrand, aber ohne Knochen)*
- *Salz, Pfeffer*

Die Erbsen **über Nacht** in genügend Wasser einweichen. Speck klein schneiden und im Topf auslassen. Eingeweichte Erbsen mit Einweichwasser dazugeben und zum Kochen bringen. Die Koteletts in Stücke schneiden. Zwiebeln, Porree und Sellerie putzen, klein schneiden und mit dem Fleisch zur Suppe geben. Etwa **1 Stunde** bei kleiner Flamme kochen. Ab und zu umrühren. Die Suppe ist fertig, wenn die Erbsen weich sind, sie sollten nicht zu Brei zerkochen. Kräftig mit Salz und Pfeffer würzen und mit Brot und Bier servieren.

Berliner Kartoffelsuppe

1 kg Rippchen
500 g Kartoffeln
1 Bund Suppengrün
30 g magerer Speck
1 EL Butter, 1 Zwiebel
2 Pimentkörner
je 1/2 TL Kümmel und Majoran
Salz, 1 Lorbeerblatt, 1/4 l Sahne
1 Scheibe Weißbrot
1/2 Bund Petersilie

Die Rippchen in einem Topf mit etwas Salzwasser ca. **30 Minuten** kochen. Dann das Fleisch herausnehmen, vom Knochen lösen und klein schneiden. Fleischbrühe aufheben. Die Kartoffeln schälen, waschen und in kleine Würfel schneiden. Das Suppengrün und die Zwiebel putzen, waschen und klein schneiden. Speck würfeln. Den Speck in einem Topf mit der Butter anbraten, dann herausnehmen, nun das Suppengrün und die Zwiebelwürfel andünsten. Wenn sie Farbe angenommen haben, mit etwas Fleischbrühe ablöschen. Die Kartoffeln und Gewürze zugeben und so viel Brühe aufgießen, dass alles knapp bedeckt ist. Die Suppe ca. **20 Minuten** kochen lassen. Inzwischen die Petersilie waschen und fein hacken. Die Weißbrotscheibe würfeln und in der Pfanne kurz rösten. Die fertige Suppe durch ein Sieb passieren, das Fleisch wieder zugeben und nochmals mit Salz und Majoran abschmecken. Zum Schluss die Sahne einrühren. Die Suppe darf dabei nicht mehr kochen. Die Suppe auf Teller verteilen, mit den gerösteten Weißbrot- und Speckwürfeln sowie Petersilie anrichten.

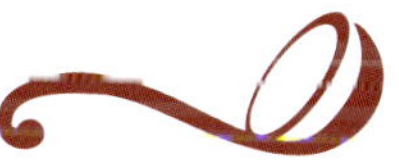

Kartoffelpuffer

800 g mehlig kochende Kartoffeln

5–6 Stiele Pimpinelle

10 mittelgroße junge Borretschblätter (Gurkenkraut)

200 g mittelalter Gouda

2 Eier

Salz, Pfeffer, Muskat

Fett zum Ausbacken

Die geschälten Kartoffeln grob raspeln und in einem sauberen Tuch kurz auspressen. Bis auf einige Blätter die Pimpinelle klein hacken. Die Borretschblätter in feine Streifen schneiden. Den Käse reiben. Kartoffeln raspeln, Eier, Kräuter und Käse vermengen und mit Salz und Pfeffer würzen. Ungefähr 2 EL Fett in der Bratpfanne erhitzen und aus der Kartoffelmasse 16 kleine Puffer formen. Ist die rohe Masse zu feucht, die Puffer vor dem Braten auf Küchenpapier legen und, wenn das Papier die überschüssige Feuchtigkeit aufgesogen hat, im heißen Fett ausbacken. Mit den restlichen Pimpinelleblättern garnieren und sofort servieren.

Die Puffer schmecken pur schon sehr würzig, unwiderstehlich werden sie aber mit Frischkäse oder Räucherlachs, auch Häckerle (Matjes-Tatar, siehe Seite 65) passt gut dazu.

Kartoffel-Specksalat

1 kg festkochende Kartoffeln
1 Zwiebel
100 g Schinkenspeck
1/2 Glas Gewürzgurken
etwas Gurkenfond
Öl zum Braten
3–4 EL Senf
1–2 Tassen Brühe
Salz, Pfeffer, 1 Prise Zucker

Kartoffeln ungeschält kochen, abkühlen lassen, pellen und dann in Scheiben schneiden. Zwiebel schälen und in feine Scheiben oder Würfel schneiden. Speck und Gewürzgurken in Würfel schneiden, dann in etwas Öl anbraten, bis die Zwiebeln Farbe bekommen, sofort die Gurkenscheiben zugeben und mit etwas Gurkenfond aus dem Glas ablöschen. Aufkochen lassen, Senf und Brühe unterrühren, eventuell noch etwas Gurkenfond zugießen. Mit Salz, Pfeffer, 1 Prise Zucker und je nach Geschmack noch etwas Senf abschmecken. Der Sud sollte sehr würzig (scharf-sauer) sein, da die Pellkartoffeln noch nicht gewürzt sind. Den heißen Sud über die geschnittenen Kartoffeln geben und unterheben, dann abdecken und durchziehen lassen. Der Salat schmeckt auch lauwarm, am besten ist er allerdings, wenn er über Nacht durchziehen kann.

Märkischer Topf

750 g Teltower Rübchen
60 g Butter, 20 g Zucker
100 ml Hühnerbrühe
400 g Steinpilze
2 Schalotten
2–3 Frühlingszwiebeln
500 g Rinderfiletspitzen
4 EL Öl
2 EL Mehl, 200 ml saure Sahne
Salz, Pfeffer

Rübchen putzen, halbieren. Die Hälfte der Butter mit Zucker karamellisieren, Rübchen zugeben, Brühe auffüllen und **20 Minuten** ziehen lassen. Pilze putzen, waschen und grob zerkleinern. Schalotten abziehen, würfeln und in der restlichen Butter anbraten. Pilze zugeben, würzen und **5 Minuten** kochen. Frühlingszwiebeln in Ringe schneiden, auf die Pilze legen. Pfanne vom Herd nehmen, warm stellen. Das Rinderfilet in Streifen schneiden und in heißem Öl scharf anbraten, würzen, kurz garen, mit Mehl bestäuben, mit Rübchenfond aufgießen und aufkochen. Rübchen, Steinpilze und saure Sahne zugeben, kräftig abschmecken.

Teltower Rübchen

1 1/2 kg Teltower Rübchen
80 g Butter
50 g Zucker
1/4 l Fleischbrühe
Rotwein- oder Balsamico-Essig
1 EL gehackte Petersilie

Die Rübchen putzen und in Salzwasser **15 bis 20 Minuten** garen, so dass sie noch Biss haben. In einer Pfanne Butter und Zucker bräunen, mit Fleischbrühe ablöschen. Die Rübchen zugeben und unter sanftem Schütteln glasieren, bis sie Farbe annehmen. Mit ein wenig Essig abschmecken. Mit Petersilie bestreut heiß servieren.

Linsengemüse für »Foodies«

Der Berliner ist immer auf der Höhe der Zeit. Da wird Großmutters nahrhafte Knochenbrühe schnell zum angesagten »Fleisch-Tee«, der den unvermeidlichen Kaffeebecher vom Treppchen stoßen soll, frittierte Ahornblätter gelten als gesunder Snack und für so manchen ist Essen eine Lebenseinstellung, die es zu bloggen und zu präsentieren gilt. Zum Glück entdecken die neuen Food-Trends vor allem regionale Produkte und damit alte Obst- sowie Gemüsesorten wieder. Zum Beispiel die lange geschmähte Linse.

4 Stangen Porree, 2 EL Butter
1/2 l Hühnerbrühe
200 g rote Linsen
1/8 l Kochsahne
4 TL scharfer Senf
1 Bund Petersilie, Salz, Pfeffer
Zitronensaft, Zucker

Porree gründlich waschen, abtropfen lassen und in feine Ringe schneiden. Die Butter in einem Topf zerlassen und den Porree andünsten. Mit Hühnerbrühe ablöschen und zugedeckt **5 Minuten** garen. Linsen etwa **1 Minute** darin erhitzen, Sahne und Senf einrühren und nochmals aufkochen. Mit Pfeffer, Salz, einigen Spritzern Zitronensaft und einer Prise Zucker abschmecken. Mit Petersilie bestreut servieren. Das Gemüse schmeckt hervorragend zu Fisch und Geflügel.

Ab Mitte des 19. Jahrhunderts eroberten die Markthallen die Herzen und Einkaufsgewohnheiten der Berliner Bevölkerung. Die »Centralmarkthalle« stand in unmittelbarer Nähe des Alexanderplatzes und war von Sonnenauf- bis Sonnenuntergang geöffnet. Von der Empore in der ersten Etage ließ sich das rege Treiben der mehr als 2000 Händler bestens beobachten. Heute ist vor allem die »Markthalle Neun« in Berlin-Kreuzberg ein Begriff, auch Nicht-Berlinern, die nach regionalen Produkten und einer guten Portion »echten Lebens« suchen.

Spargelsamtsuppe

500 g weißer Beelitzer Spargel
3 Schalotten, 50 g Butter
Salz, Pfeffer, Zucker
250 ml Milch
500 ml Sahne, Muskatnuss
3 Eigelb
100 ml trockener Weißwein
1/2 Bund Schnittlauch

Spargel schälen, holzige Enden abschneiden und in mundgerechte Stücke teilen. Die Schalotten schälen und fein würfeln. Butter in einem breiten Topf schmelzen, Spargelstücke und Schalotten darin andünsten, aber nicht bräunen. Salzen, pfeffern und eine Prise Zucker zugeben. Mit Milch und der Hälfte der Sahne auffüllen. Bei niedriger Hitze ca. **15 Minuten** ziehen lassen. 12 schöne Spargelspitzen herausnehmen und zur Seite stellen. Die Suppe mit dem Pürierstab sehr fein pürieren, zusätzlich durch ein Haarsieb streichen. Restliche Sahne steif schlagen, die Eigelb vorsichtig unterrühren. Die pürierte Suppe nochmals aufkochen, vom Herd ziehen, Wein dazugießen und die Sahne-Eigelb-Mischung unterheben, so dass die Suppe Schaumhäubchen bekommt. Auf Teller verteilen, mit den Spargelspitzen und Schnittlauchröllchen garnieren.

Die Hauptstadt reklamiert Beelitz, die Spargelstadt schlechthin, gern für sich. Schließlich steht es schon in Fontanes »Wanderungen durch die Mark Brandenburg«: Nichts entlehnt und nichts geborgt, für Großes und Kleines (ist) ringsum gesorgt ... Im größten Spargel-Anbaugebiet Brandenburgs wird das gefragte Gemüse bereits seit den 1860er Jahren feldmäßig angebaut. Die Berliner wissen das zu schätzen, ebenso wie alles, was dem Spargel folgt: Erdbeeren, Heidelbeeren, Aroniabeeren und Kürbisse.

Spargelsalat »Lorenz Adlon«

Wer seinen Beelitzer Spargel zu Saisonbeginn auf die »feine Art« genießen möchte, sollte sich einen Besuch im Hotel »Adlon« gönnen. Könige, Kaiser und der russische Zar, Industrielle und Politiker stiegen hier ab. Künstler gingen ein und aus – vis à vis vom Brandenburger Tor fühlen sich die Reichen und Schönen der Welt nach wie vor zu Hause. Auf der Hotel-Terrasse am Pariser Platz kann man ihnen vielleicht begegnen.

50 ml weißer Balsamico

Salz, Pfeffer

1/2 TL Dijonsenf, 5 EL Olivenöl

2 EL Sonnenblumenöl

1 Schalotte

2 EL feingehackte Kräuter (Schnittlauch, Petersilie, Kerbel, Estragon)

16 Flusskrebse (altern. Garnelen)

16 Stangen weißer Beelitzer Spargel

16 Stangen grüner Spargel

1 TL Salz, 1 EL Zucker

1 – 2 EL Butter

4 Eier oder 8 Wachteleier

1 EL Krebsbutter (Feinkostladen)

1/2 Bund Kerbel

Essig, Salz, Pfeffer und Senf verrühren, nach und nach das Öl zugeben, dabei kräftig schlagen, damit sich alle Zutaten verbinden. Die Schalotte schälen, fein würfeln und mit den Kräutern zur Vinaigrette geben.
Die Krebse in kochendes Wasser geben, ca. **6 Minuten** blanchieren, herausnehmen. Die Schwänze und Scheren ausbrechen. Den weißen und grünen Spargel schälen und in Salz-Zucker-Butter-Wasser knapp gar kochen. Der weiße Spargel benötigt je nach Dicke **10 bis 15 Minuten**, der grüne maximal **5 Minuten**. Die Eier wachsweich kochen. Die Krebsbutter in einem Topf zerlassen, das Krebsfleisch zugeben und kurz bei geringer Hitze anziehen lassen. Den Spargel dekorativ auf vier Teller verteilen, das Fleisch der Krebsschwänze und -scheren mit der Krebsbutter darüber verteilen. Die Eier vierteln (Wachteleier halbieren) und auf den Salat geben, mit der Vinaigrette großzügig beträufeln. Frische Kerbelblättchen darüber streuen und mit Baguette servieren.

Auf der Außenterrasse des Adlon

Gerösteter Chicorée

4 Stauden Chicorée (ca. 750 g)

Salz, ca. 3–4 EL Butter

Backofen auf **190 °C** vorheizen.

Chicorée in einzelne Blätter zerteilen, waschen, trocken tupfen. Den so vorbereiteten Chicorée nebeneinander auf ein mit Butter gefettetes Backblech legen, restliche Butter in Flöckchen auf den Chicoréeblättern verteilen und mit grobem Meersalz würzen.

Blech auf der oberen Schiene in den Ofen schieben und Chicorée ungefähr **6 bis 10 Minuten** braten, bis die Blätter leicht zusammenfallen und die Ränder braun werden.

Eine schnelle Gemüsebeilage zu Fleisch und Geflügel, aber auch als Snack sehr lecker.

Bohnengratin

- *80 g Schinkenspeck*
- *150 g Zwiebeln*
- *350 g grüne Bohnen, Salz*
- *8 Stiele Petersilie*
- *2 Stiele Thymian*
- *6 Stiele Bohnenkraut*
- *1 Bio-Zitrone*
- *300 g Tomaten*
- *2 Knoblauchzehen*
- *5 EL Öl*
- *Pfeffer, 1 TL Zucker*
- *1 EL Butter*
- *40 g Semmelbrösel*

Schinkenspeck fein würfeln, Zwiebeln in dünne Spalten schneiden. Bohnen putzen, in Stücke schneiden und ca. **8 Minuten** in kochendem Salzwasser garen. Bohnen abschrecken und in einem Sieb abtropfen lassen. Petersilien-, Thymian- und Bohnenkrautblätter von den Stielen zupfen und grob hacken. Zitronenschale fein abreiben und den Saft auspressen. Tomaten in Scheiben schneiden. Knoblauch fein hacken. Schinkenspeck in einer Pfanne ohne Fett knusprig braten. 2 EL Öl zugeben und Zwiebeln und Knoblauch darin glasig dünsten. Bohnen zugeben und **2 Minuten** mitdünsten. Kräuter und Zitronenschale untermischen und mit Salz und Pfeffer würzen.

Ofen auf **220 °C** vorheizen. Eine ofenfeste Form mit Zucker ausstreuen. Tomatenscheiben in die Form legen, salzen und pfeffern, mit dem restlichen Öl beträufeln. Die Bohnen-Zwiebel-Mischung auf den Tomaten verteilen, Zitronensaft zugeben. Die Butter in einer Pfanne schmelzen, die Semmelbrösel darin unter Rühren kurz anbraten. Brösel auf den Bohnen verteilen. Im Herd ca. **15 Minuten** goldbraun überbacken.

Von den Hugenotten in Berlin war schon die Rede – und man kommt an ihnen nicht vorbei. Sie brachten Spargel und Gurken nach Brandenburg, Chicorée und Bohnen. Daher beschimpften die Einheimischen sie gern als »Bohnenfresser«, ohne die Neuheiten zu verschmähen.

Pikante Wachsbohnen

für ca. 5 Einmachgläser mit 1 Liter Inhalt
Haltbarkeit etwa 6 Monate

- *1 1/2 – 2 kg gelbe Wachsbohnen*
- *4 – 5 kleine Rosmarinstiele*
- *1 Bio-Zitrone*
- *300 g kleine Zwiebeln oder Schalotten*
- *40 g Zucker, 20 g Salz*
- *2 TL Senfkörner*
- *2 TL Korianderkörner*
- *2 TL Pfefferkörner*

Bohnen putzen und waschen. Rosmarinnadeln klein schneiden. Zitrone heiß abwaschen und in dicke Scheiben schneiden. Zwiebeln abziehen und in Achtel teilen. Die Bohnen eventuell teilen und mit den Zwiebeln, Zitronen und Rosmarin in vorbereitete Twist-Off-Gläser einschichten.

Aus 2,5 Liter Wasser, Salz, Zucker und den anderen Gewürzen einen Sud kochen und kochendheiß in die Gläser geben (bis zum Rand füllen). Gläser sofort verschließen und auf den Kopf stellen. Mit einem Tuch bedeckt abkühlen lassen.

Passt als kalte wie erwärmte Beilage zu Fleisch und Fisch oder als Basis für Salate.

„Unter den Linden"

Schnelle Blumenkohlpfanne

1 großer Blumenkohl (ca. 1 kg)
1 Zwiebel, 200 g Kirschtomaten
3 Stiele Rosmarin
3 Stiele Petersilie
1 EL Öl
100 g Speckwürfel (FP aus dem Supermarkt)
Salz, Pfeffer

Den Blumenkohl putzen, waschen und in Röschen teilen. Zwiebel schälen und würfeln. Tomaten, Rosmarin und Petersilie waschen. Rosmarinnadeln und Petersilienblättchen abzupfen und fein hacken.

Öl in einer großen Pfanne mit Deckel erhitzen. Den Speck ca. **2 Minuten** knusprig anbraten, die Zwiebel zugeben und weitere **2 Minuten** braten lassen. Sie dürfen nicht schwarz werden. Speck und Zwiebeln aus der Pfanne nehmen und warm stellen. Im Bratansatz die Blumenkohlröschen kräftig anbraten und zugedeckt etwa **3 Minuten** dünsten. Danach Tomaten und Rosmarin zum Blumenkohl geben und weitere **5 Minuten** braten. Der Blumenkohl soll weich, aber noch bissfest sein. Wer sicher gehen will, kann ihn vor dem Braten kurz blanchieren. Sobald der Blumenkohl fertig ist, die Speck-Zwiebel-Mischung wieder zugeben, mit Salz und Pfeffer würzen und mit der Petersilie bestreuen.

Schmeckt als schnelle Mahlzeit mit frischem Schwarzbrot, passt aber auch als Beilage zu Buletten oder Kurzgebratenem.

Kraut und Rüben gelten als griffiger Begriff für »Durcheinander« und die märkischen »Krautjunker« waren nicht unbedingt die Crème de la Crème des deutschen Adels. Zum Glück sind die Erzeugnisse des Berliner Umlandes heute gefragter denn je. Dabei ist der Trend zu vegetarischer Ernährung sicherlich von Nutzen.

Schmorgurken

2 EL Öl, Salz, Pfeffer
1 Zwiebel, 1 Knoblauchzehe
2 EL Tomatenmark
500 g Landgurken
1/4 Bund Thymian
1/4 l Gemüsebrühe
1/2 TL Paprikapulver (edelsüß)

Öl in einer Pfanne erhitzen, Zwiebel und Knoblauchzehe schälen und fein würfeln, mit dem Tomatenmark bei milder Hitze dünsten. Die Gurken waschen, längs halbieren, das Kerngehäuse entfernen und in ca. 1 cm große Würfel schneiden. Brühe in die Pfanne gießen und die Gurken sowie die abgezupften Thymianblättchen hinzugeben, weiter schmoren lassen, bis die Gurken glasig sind. Mit Paprikapulver kräftig würzen. Dazu schmeckt frisches Brot oder Kartoffelbrei.

Rosenkohlpüree

600 g Rosenkohl
50 g Schalotten
60 g Butter
125 g Schlagsahne
Muskatnuss, Salz

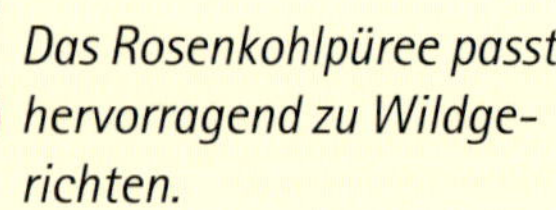

Das Rosenkohlpüree passt hervorragend zu Wildgerichten.

Rosenkohl putzen. Äußere Blätter ablösen und in kochendem Salzwasser kurz blanchieren, danach sofort in Eiswasser abschrecken. Gut abtropfen lassen. Übrige Rosenkohlröschen in kochendem Salzwasser etwa **5 Minuten** blanchieren, in ein Sieb abgießen und ebenfalls gut abtropfen lassen.
Schalotten abziehen, würfeln und mit etwas Butter glasig dünsten. Blanchierten Rosenkohl zugeben, mit Sahne auffüllen und bei mittlerer Hitze weitere **5 Minuten** garen. Der Rosenkohl soll weich, aber nicht zerkocht sein. Sofort mit ca. 20 g Butter pürieren und mit Salz und frisch geriebenem Muskat abschmecken. Rosenkohlblättchen in der restlichen Butter nochmals kurz erwärmen und vorsichtig unter das Püree heben. Eventuell nochmals nachwürzen.

Kuchen & Desserts

»Ein Leben ohne Schokolade ist möglich, aber sinnlos.«

frei nach Victor von Bülow (Loriot)

Berlin hat den Ruf einer heimlichen Schokoladen-Hauptstadt: Sarotti, Nestlé oder Ritter Sport – irgendwann waren – oder sind – alle vor Ort. Die beliebteste Adresse befindet sich jedoch in der Charlottenstraße: das Rausch Schokoladenhaus *mit der längsten Praline der Welt. So betrachtet könnte das Zitat des gebürtigen Brandenburgers Loriot auch aus diesem Traditionshaus stammen. Auf jeden Fall lieben Berliner Süßes! Wen interessiert dabei, dass Alexander von Humboldt verkündete, »kein zweites Mal (habe) die Natur eine solche Fülle der wertvollsten Nährstoffe auf einem so kleinen Raum zusammengedrängt wie gerade bei der Kakaobohne«. Und kaum jemand denkt heute daran, dass es erneut ein Franzose war, der ihrem Leben die Süße gab. Monsieur François Charles Achard, Sohn einer gut situierten Hugenottenfamilie und Chemiker, kam auf die Idee, aus den reichlich vorhandenen brandenburgischen Rüben ein Produkt herzustellen, das heute weltweit unverzichtbar ist: (Rüben) Zucker!*

Berliner Luft

6 Eier, 80 g Puderzucker
125 ml Dessertwein
1 Blatt Gelatine
Vanillezucker
1 Bio-Zitrone
1 Prise Salz
300 g Himbeeren
Minzeblättchen

Eier trennen, Eigelb mit Zucker über dem Wasserbad so lange aufschlagen, bis eine dicke Creme entsteht, den Wein vorsichtig unterschlagen. Gelatine nach Packungsanleitung auflösen und unterrühren. Etwas Vanillezucker, abgeriebene Zitronenschale und Zitronensaft dazugeben. Eiweiß mit Salz sehr steif schlagen und vorsichtig unter die Creme heben. Dessertgläser kalt ausspülen und die Creme einfüllen. Im Kühlschrank fest werden lassen. Die Himbeeren pürieren, einige aufheben. Die feste Creme auf den Himbeerspiegel stürzen, mit Himbeeren und Minzeblättchen dekorieren.

Pfannkuchen

für 10 – 12 Stück

750 g Mehl, 40 g Hefe

3/8 l Milch

100 g Zucker

1 Pck. Vanillezucker

2 Eier, 1 Eigelb, 50 g Butter

abgeriebene Schale von 1 Bio-Zitrone

1 Prise Salz

Fett für die Fritteuse

Marmelade oder Pflaumenmus zum Füllen

Puderzucker

Mehl in eine Schüssel geben, Vertiefung eindrücken. Auf dem Mehlrand Zucker, Butterflöckchen und Gewürze verteilen. Zerbröckelte Hefe mit lauwarmer Milch und etwas Zucker verrühren und in die Vertiefung geben, mit Mehl bestäuben, abdecken und bei Zimmertemperatur gehen lassen. Nach etwa **30 Minuten** das aufgegangene Hefestück verrühren und gut durchkneten, bis der Teig Blasen schlägt. **1 weitere Stunde** gehen lassen. Danach den Teig noch einmal durchkneten, dann in faustgroße Stücke teilen und zu Bällen formen. Weitere **20 bis 30 Minuten** gehen lassen. Die Fritteuse auf **160 bis 170 °C** vorheizen. Die gut gegangenen Pfannkuchen in die Fritteuse geben und den Deckel schließen, damit die Teigstücke gut aufgehen und ihren hellen Rand bekommen. Von jeder Seite etwa **2 bis 3 Minuten** frittieren. Mit Marmelade oder Pflaumenmus füllen und in Puderzucker wälzen.

Verlangen Sie niemals in Berlin einen »Berliner«. Es kann dann durchaus passieren, dass Ihnen die Bäckersfrau unwirsch mitteilt, dass sie keine Partnervermittlung betreibe. Hier, vor Ort, heißt das Schmalzgebäck einfach »Pfannkuchen«.

Liebesknochen

1 Pck. Puddingpulver Karamell-Geschmack (für 1/2 l Milch, zum Kochen)

ca. 1/2 l Milch, 6 EL Zucker

1 – 2 EL Kaffeepulver (Instant)

75 g Butter

1 Prise Salz

200 g Mehl, 5 Eier

200 ml Schlagsahne

100 g Schokolade (75 % Kakao)

evtl. Puderzucker

Puddingpulver und 5 EL Milch glatt rühren. 300 ml Milch, Zucker und Kaffee aufkochen. Puddingpulver einrühren und etwa **1 Minute** kochen, bis der Pudding Blasen schlägt. Vom Herd nehmen und auskühlen lassen. Währenddessen 1/8 Liter Milch mit der gleichen Menge Wasser mischen, Butter und Salz zugeben und aufkochen. Das Mehl dazugeben und mit einem Kochlöffel so lange rühren, bis sich der Teig als Kloß vom Topfboden löst. Topf vom Herd ziehen. Sofort 1 Ei darunter kneten. Brandteig abkühlen lassen, erst dann die restlichen Eier einzeln unterkneten.

Herd auf **200 °C** vorheizen. Wasser in einer ofenfesten Form in den Ofen stellen. Masse in einen Spritzbeutel mit großer Sterntülle füllen. Ca. 12 Streifen (à ca. 9 cm Länge) auf zwei mit Backpapier ausgelegte Backbleche spritzen. Nacheinander im vorgeheizten Ofen **25 bis 30 Minuten** backen. Aus dem Ofen nehmen, Gebäck ca. **10 Minuten** zugedeckt ruhen lassen, dann waagerecht aufschneiden und zum Auskühlen zur Seite stellen.

Pudding glatt rühren. Die Sahne steif schlagen und unterheben. Creme auf die unteren Hälften spritzen, zweites Gebäckstück als Deckel aufsetzen. Die Schokolade in Stücke brechen. Über dem heißen Wasserbad schmelzen und die Liebesknochen verzieren. Nach dem Trocknen nach Belieben mit Puderzucker bestäuben.

Mandel-Zimt-Kuchen

für den Mürbeteig:

250 g Mehl, 1/2 TL Backpulver

125 g brauner Zucker, Salz

125 g Margarine

für den Belag:

4 Zwiebäcke, 3 Eier

1/4 l ml Sahne, 1/4 l Milch

200 g süße, gemahlene Mandeln

60 g Zitronat, 1/2 TL Zimt

2 Bio-Zitronen

1/2 TL Backpulver

evtl. Puderzucker

Den Backofen auf **200 °C** vorheizen.

Das Mehl sieben, mit dem Backpulver mischen. Die Hälfte des Zuckers, eine Prise Salz und die gut gekühlte Margarine in Flöckchen zugeben. Alles rasch zu einem Mürbeteig verkneten und ca. **30 Minuten** kühl gestellt ruhen lassen. Danach den Teig ausrollen und in den Boden einer Springform (Ø 26 cm) drücken. Mehrmals mit einer Gabel einstechen und ungefähr **10 Minuten** im vorgeheizten Ofen backen.

Den Zwieback zerbröseln. Eier, Sahne und Milch verrühren, dabei den restlichen Zucker und eine weitere Prise Salz zugeben. Dann die gemahlenen Mandeln, den Zwieback und Zitronat unterheben. Die Zitronen heiß abwaschen, abtrocknen und die Schale fein abreiben. Zitronenschale und Zimtpulver zum Teig geben. Zuletzt das Backpulver unterrühren. Alles gut vermengen und auf den vorgebackenen Mürbeteig gießen. Den Kuchen wieder in den Backofen schieben und in etwa **45 Minuten** fertig backen.

Wer möchte kann den Zimtkuchen mit einer dünnen Zitronen-Zimt-Glasur bestreichen. Dafür 3 bis 4 EL Puderzucker mit wenig frisch ausgepressten Zitronensaft nicht zu dickflüssig anrühren, etwas Zimt zugeben und mit einem Backpinsel dünn auf den warmen Kuchen streichen.

Gedeckte Apfeltorte

300 g Mehl, 150 g Butter
200 g Zucker, 1 Ei, 1 Prise Salz
1 1/2 kg Äpfel (Boskop)
100 g Sultaninen
60 g Korinthen
50 g gehobelte, süße Mandeln
abgeriebene Schale und Saft von 1 Bio-Zitrone
4 cl Arrak oder Rum
1/2 TL Zimt, 1 Eigelb
80 g Puderzucker
Zitronensaft

Aus Mehl, Butter, 100 g Zucker, Ei und Salz einen Mürbeteig kneten. **1 Stunde** ruhen lassen. Inzwischen die geschälten Äpfel entkernen, klein schneiden und mit dem restlichen Zucker, Sultaninen, Korinthen, Mandeln, Zitronensaft und -schale sowie Zimt und Arrak mischen. Durchziehen lassen.

Zwei Drittel des Mürbeteiges ausrollen, in eine gefettete Springform (Ø 26 cm) legen, einen Rand andrücken und die Apfelmischung auf dem Boden verteilen. Restlichen Teig ausrollen und als Decke auf die Masse legen. Mit Eigelb bestreichen. Im vorgeheizten Ofen bei **150 °C** etwa **35 bis 40 Minuten** goldgelb backen.

Puderzucker und Zitronensaft verrühren und die Torte damit glasieren. Mit Schlagsahne servieren.

Dass die Deutschen ihren Schaumwein als »Sekt« kennen, verdanken sie – wem wohl? – den Berlinern selbstverständlich! Oder exakter dem Hofschauspieler Ludwig Devrient. Dieser rief dem Kellner bei Lutter & Wegner zu: »Bring er mir Sack, Schurke!«. Leider wusste der mit dem Shakespearschen Begriff für Sherry (gesprochen sæc) rein gar nichts anzufangen. Also servierte er das, was Devrient immer trank, nämlich Schaumwein. Die Stammgäste zögerten nicht und schlossen sich der neuen Mode an. Fortan bezeichneten alle das Getränk als Sekt. So entstehen Mythen.

Aprikosentorte

für den Boden:

3 Eier, 100 g Zucker

150 g gemahlene Haselnüsse

150 g geraspelte Schokolade

1 Dose Aprikosen

für die Creme:

1 Pck. Aranca Pulver Aprikose-Maracuja

1 Piccolo Sekt (trocken) oder Champagner

1/2 l Sahne, 2 Pck. Sahnesteif

1 Pck. Vanillezucker

Schokostreusel

Eier mit dem Zucker schaumig rühren, die Haselnüsse und die Schokolade unterheben, in eine Springform (Ø 26 cm) geben und bei ca. **175 °C** etwa **30 Minuten** backen. Die Aprikosenhälften abtropfen lassen und den Boden damit belegen. Das Cremepulver mit dem Sekt anrühren. Die Sahne mit dem Sahnesteif und dem Vanillezucker steif schlagen und unter die Aprikosencreme ziehen. Über die Aprikosen verteilen und kaltstellen. Mit Schokoladenstreuseln verzieren.

Marmorierte Erdbeertorte

- *3 Eier, 1 Prise Salz*
- *150 g Zucker*
- *2 Pck. Vanillezucker*
- *125 g Mehl*
- *25 g Speisestärke*
- *1 TL Backpulver*
- *75 g gemahlene Mandeln (mit Haut)*
- *750 g Erdbeeren*
- *10 Blatt weiße Gelatine*
- *2 EL Zitronensaft*
- *400 ml Schlagsahne*

Eier trennen. Eiweiß mit Salz und 3 EL Wasser steif schlagen. Dabei 100 g Zucker und 1 Päckchen Vanillezucker einrieseln lassen, zum Schluss Eigelb unterrühren. Mehl, Speisestärke und Backpulver mischen, auf die Eimasse sieben, Mandeln zufügen, vorsichtig unterheben. Boden einer Springform (Ø 26 cm) mit Backpapier auslegen. Teig einfüllen und glatt streichen. Im vorgeheizten Backofen bei **175 °C** ca. **40 Minuten** backen. Kuchen auskühlen lassen. Erdbeeren waschen, putzen und mit dem Zitronensaft pürieren (einige Erdbeeren zum Verzieren zur Seite legen). Restlichen Zucker und Vanillezucker unterrühren. Gelatine nach Anleitung zubereiten und unter das Erdbeerpüree rühren. Masse in den Kühlschrank stellen. 200 ml Sahne steif schlagen. Sobald das Erdbeerpüree fest wird, zwei Drittel davon zur Sahne geben, nur locker unterheben, so dass eine marmorierte Masse entsteht. Boden aus der Form lösen, einmal durchschneiden und einen Tortenrand darum setzen. Auf den unteren Boden die Erdbeer-Sahne-Masse streichen. Zweiten Boden darauf setzen. Restliches Erdbeerpüree darauf verteilen. Vor dem Anschneiden übrige Sahne steif schlagen, Tortenrand und Oberfläche damit bestreichen. Restliche Erdbeeren in dünne Scheiben schneiden und die Torte damit belegen.

Erdbeeren, Kirschen, Johannisbeeren, Himbeeren und manches mehr kommt vor allem aus dem Obstanbaugebiet in und um Werder in die Hauptstadt. Schon der umtriebige Herr Fontane wusste von »großem Versand und enormen Konsum in Berlin« zu berichten. Daran hat sich nichts geändert und regionale Produkte sind gefragt wie nie.

Waffel-Obst-Kuchen

für ca. 12 Stück

12 Blatt weiße Gelatine

500 g Joghurt

500 g Magerquark

ausgeschabtes Mark von 1 Vanilleschote

120 g und 2 EL Zucker

ca. 4 Toastwaffeln (ca. 160 g)

1 Dose Aprikosen (850 ml)

1 Galia-Melone (ca. 1 kg)

1 Kiwi (100 g)

1 Pck. ungezuckerter klarer Tortenguss (für 250 ml Flüssigkeit)

Gelatine in kaltem Wasser einweichen. Joghurt, Magerquark, Vanillemark und 120 g Zucker verrühren. Gelatine ausdrücken, auflösen, mit etwas Joghurtcreme mischen. Alles unter die restliche Creme rühren. Quadratischen Springformrand auf eine Kuchenplatte stellen. Boden mit Waffeln auslegen, eventuell etwas zurechtschneiden. Creme auf den Boden geben und glatt streichen. Mindestens **3 Stunden** kalt stellen. Aprikosen abtropfen lassen, dabei 250 ml Saft abmessen. Melone halbieren, entkernen und Kugeln ausstechen. Kiwi schälen, in Scheiben schneiden. Aprikosen und Melonenkugeln auf dem Kuchen verteilen. Kiwi so auf das Obst legen, dass die Kiwi nicht mit der Creme in Berührung kommt (Die Creme wird bitter und verliert ihre Gelierkraft). Tortengusspulver und 2 EL Zucker in einem kleinen Topf mischen, mit dem Aprikosensaft glatt rühren, unter Rühren erhitzen und einmal kurz aufkochen. Mit einem Löffel gleichmäßig auf den Früchten verteilen. Vor dem Anschneiden ca. **15 Minuten** kalt stellen.

Schokoladenroulade mit Himbeeren

für die Creme:

3 Blatt Gelatine, 1/2 Bio-Zitrone

300 ml Sahne

250 ml Buttermilch

90 g Zucker, 150 g Himbeeren (frisch oder TK)

für den Teig:

6 Eier, 80 g Zucker, 60 g Mehl

60 g Speisestärke

10 g Kakaopulver

Für die Creme die Gelatine einweichen. Zitrone waschen und abtrocknen. Die Schale abreiben, den Saft auspressen. Sahne steif schlagen und in den Kühlschrank stellen. Buttermilch mit Zucker, Zitronensaft und -schale verrühren. Gelatine ausdrücken, in einem Topf erwärmen. Buttermilchmischung zügig unterrühren und kalt stellen. Wenn die Buttermilch zu gelieren beginnt, Sahne unterheben. Die Himbeeren waschen (bzw. auftauen) und sehr gut abtropfen lassen.

Inzwischen den Backofen auf **200 °C** vorheizen. Ein Backblech mit Backpapier auslegen. Für den Teig die Eier mit dem Zucker über einem Wasserbad schaumig schlagen. Mehl, Speisestärke und Kakaopulver dazugeben und zügig unterrühren. Die Biskuitmasse auf das Blech streichen. **15 Minuten** bei **180 °C** backen. Den warmen Biskuit auf ein leicht gezuckertes Küchentuch stürzen und das Backpapier sofort vorsichtig abziehen, Sollte der Teig ankleben, das Backpapier etwas anfeuchten. Biskuit auskühlen lassen.

Zuerst die Himbeeren auf dem Biskuit verteilen, dann die Buttermilchcreme darauf streichen. Den Biskuit von der Längsseite her mit Hilfe des Küchentuchs Stück für Stück einrollen und mindestens **2 Stunden** kalt stellen. Die Schokoladenroulade mit Kakaopulver bestäuben und in etwa 3 cm breite Stücke schneiden.

Berliner Trüffel

100 g weiche Butter
100 g weiße Kuvertüre
10 g Puderzucker
4 cl Kartoffelschnaps
150 g Edelbitter-Kuvertüre
30 g Kakao

Die Butter schaumig schlagen. Kuvertüre über einem heißen Wasserbad schmelzen und mit dem Puderzucker unter die Butter rühren. Nach und nach den Kartoffelschnaps (ersatzweise Wodka oder Aquavit) zufügen. Nach dem Erkalten aus der Masse pralinengroße Kügelchen formen. Die dunkle Kuvertüre schmelzen und die Kugeln damit überziehen. In Kakao wälzen.

Frittierte Birnen

4 große, feste Birnen
2 EL Zitronensaft
100 g Blauschimmelkäse (z. B. Gorgonzola)
2 EL Portwein, Mehl, 1 Ei
50 g grob gemahlene Mandeln
4 EL Semmelbrösel
Fett zum Frittieren
1 kl. Glas Preiselbeeren

Die Birnen schälen (den Stiel nicht entfernen), halbieren und das Kerngehäuse ausstechen. Die Schnittflächen mit Zitronensaft beträufeln. Den Käse mit Portwein zu einer glatten Masse verrühren und in die Birnenhälften füllen. Birnen wieder zusammensetzen und mit Holzspießchen feststecken. Zuerst in Mehl, dann in geschlagenem Ei wenden. Mandeln und Semmelbrösel mischen und die Birnen panieren. Jede Birne **7 bis 8 Minuten** in heißem Fett frittieren. Mit Preiselbeeren servieren.

Hugenottentorte

für den Boden:

125 g Blockschokolade, 4 Eier

120 g Butter, 120 g Zucker

1 TL Backpulver

für den Belag:

500 g Birnen (Konserve), gut abgetropft

4 cl Birnengeist

250 g Quark, 50 g Zucker

6 Blatt weiße Gelatine

600 g Schlagsahne

Haselnusskrokant

Schokolade im heißen Wasserbad schmelzen. Die Eier trennen und das Eiweiß sehr steif schlagen. Butter mit dem Zucker schaumig rühren und die Eigelb einzeln unterrühren. Als letztes die geschmolzene Schokolade unterziehen. Mehl und Backpulver mischen und in den schaumigen Teig sieben, alles mehrere Minuten rühren, bis der Teig cremig ist. Zuletzt vorsichtig den Eischnee unterheben.

Eine Springform (Ø 26 cm) fetten und mit Backpapier auslegen. Den Boden bei **180 °C** im vorgeheizten Ofen ca. **30 Minuten** backen. Inzwischen die Birnen mit 2 cl Birnengeist marinieren. Quark mit Zucker und dem restlichen Birnengeist verrühren. Gelatine in kaltem Wasser einweichen und anschließend im Wasserbad auflösen, nach Packungsanweisung unter die Quarkmasse rühren. Die Sahne steif schlagen, etwas zum Verzieren zur Seite stellen. Die Sahne unter die Quarkmasse heben. Zuerst die Birnen auf dem ausgekühlten Boden verteilen, dann die Quarkmasse kuppelartig auf die Früchte streichen, dick mit Krokant bestreuen und mit der restlichen Sahne verzieren.

»Ja, das ist die Berliner Luft, Luft, Luft« heißt es bei Paul Lincke und nicht selten ist diese erfüllt von unwiderstehlich süßen Düften. Wer ihnen folgt, entdeckt beispielsweise bei »Kadó« Lakritz über Lakritz oder Fruchtgummies ohne Ende bei den »Naschpiraten« in Schöneberg, während die »Bonbonmacherei« in der Oranienburger Straße hausgemachte Spezialitäten verkauft.

Beerengrütze

250 g frische Beeren (z. B. Himbeeren, Erdbeeren, Johannisbeeren, Heidelbeeren)
3 gehäufte EL Zucker
1 Pck. Vanillezucker
1 TL Zitronensaft
1 EL Speisestärke

Beeren verlesen, waschen, abtropfen lassen. Mit Zucker, Vanillezucker und Zitronensaft mischen und mit ca. 1/4 Liter Wasser in einen Topf füllen. Zum Kochen bringen. In der Zwischenzeit Speisestärke mit etwas Wasser glatt rühren. Unter Rühren zu den kochenden Beeren geben, einmal aufkochen lassen, zur Seite stellen und abkühlen lassen. In Portionsschälchen füllen und für **einige Stunden** kühl stellen. Dazu gibt es Vanilleeis oder Vanillesoße und Schlagsahne.

Kiez-Kompott

1 Vanilleschote
1/4 l Weißwein (trocken)
1 Bio-Zitrone, 2 cl Obstbrand
100 g brauner Zucker
600 g Stachelbeeren
1 TL Speisestärke
400 g Süßkirschen

Die Vanilleschote aufschlitzen und mit dem Wein in einen Topf geben. Die Zitrone heiß waschen, trocken reiben und die Schale dünn spiralförmig abschälen. Den Obstbrand zugeben und mit dem Zucker zum Kochen bringen. Stachelbeeren putzen, waschen und in den Sud geben. Etwa **2 bis 3 Minuten** bei mittlerer Hitze ziehen lassen. Die Speisestärke mit etwas kaltem Wasser anrühren und einrühren. Vorsichtig aufkochen lassen, damit die Stachelbeeren nicht platzen. Weiter köcheln, bis die Flüssigkeit klar wird. Die entsteinten Süßkirschen zugeben und durchziehen lassen. Vor dem Essen die Zitronenschale entfernen. Das Kompott kann warm oder kalt serviert werden.

Rezeptverzeichnis

Bildnachweis

Seite 2: JFL Photography, Fotolia.com; Seite 5 oben, 18: der hugo2, Fotolia.com; Seite 5, 23 unten, 29, 92: heinze, Leipzig; Seite 5, 43 unten: Lilli, Fotolia.com; Seite 5, 12, 25, 57 unten, 76: kab-vision, Fotolia.com; Seite 8 rechts, 16, 17, 19, 24, 27, 29, 30, 45, 48, 57 oben, 59, 62 links, 80: Robert und Ute Scheffler, Leipzig; Seite 9 oben: Boris Stroujko, Fotolia.com; Seite 9 unten, 23, 66, 83 unten, 85, 86, 90: Colourbox.de; Seite 15: scerpica, Fotolia.com; Seite 18: der hugo2, Fotolia.com; Seite 23 oben: JFL Photography, Fotolia.com; Seite 31: Quade, Fotolia.com; Seite 33: Creative Commons, Fotolia.com; Seite 34: jeepbabes, Fotolia.com; Seite 37: Bernd Jürgens, Fotolia.com; Seite 39, 62 rechts: ExQuisine, Fotolia.com; Seite 42: babsi_w, Fotolia.com; Seite 43 oben: Henry Czauderna, Fotolia.com; Seite 46: Stefani Brügge, Fotolia.com; Seite 51, 69 unten: HL Photo, Fotolia.com; Seite 53, 78: Hotel Adlon Kempinski Berlin; Seite 55: dreampix, Fotolia.com; Seite 67: HandmadePictures, Fotolia.com; Seite 69 oben: FSEID, Fotolia.com; Seite 71: Dar1930, Fotolia.com; Seite 72: Angela Shirinov, Fotolia.com; Seite 73: kobraphoto, Fotolia.com; Seite 83 oben: Thomas Seethaler, Fotolia.com; Seite 88: Corinna Gissemann, Fotolia.com